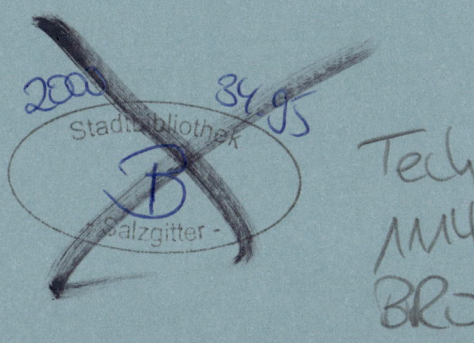

# Kathleen Hackett

Interior Styling von Hilary Robertson
Fotos von Matthew Williams
Übersetzt von Claudia Arlinghaus

# Brooklyn Interiors

KNESEBECK

Einführung 8

**Gips-Schönheit** 12
Stephen Antonson & Kathleen Hackett
Boerum Hill

**Sachlich – still – gesammelt** 24
Quy Nguyen
Fort Greene

**Bohemian Rhapsody** 32
Juliana Merz & Harry Cushing
Dumbo

**Into the Woods** 42
Evan & Oliver Haslegrave
Greenpoint

**Eat Play Love** 50
Paola & Chicco Citterio
Bedford-Stuyvesant

**Alltagsspuren** 60
Ali
Crown Heights

**Ein Hauch von Indien** 70
Alayne Patrick
Carroll Gardens

**Einmalig** 78
Mona Kowalska
Clinton Hill

**Echtes Drama** 88
Carl Hancock Rux
Fort Greene

**Die Visionäre** 96
Mats & Lorri Hakansson
Crown Heights

**Künstlerisches Statement** 108
Merele Williams
Clinton Hill

**Radikal 60er** 118
Joe Merz
Brooklyn Heights

**Die perfekte Leinwand** 124
Karin Schaefer & Diane Crespo
Brooklyn Heights

**Szenen einer Ehe** 132
Becca Abrams & Nathan Benn
Brooklyn Heights

**Bühnenkunst** 142
Stephen Drucker
Park Slope

**Glücksgriff** 150
Maura McEvoy
Dumbo

**White-out** 158
Hans Gissinger & Jenni Li
Cobble Hill

**Trautes Heim** 170
Anne O'Zavelo
South Park Slope

**Perspektivwechsel** 178
Robert Highsmith
& Stefanie Brechbuehler
Cobble Hill

**Finderglück** 186
Victoria & Nick Sullivan
Boerum Hill

**Alteingesessen** 198
Matt Austin
Bushwick

**Die nächste Welle** 208
Victoria & Richard Emprise
Red Hook

**Der musische Zweig** 216
Tim Hunt & Tama Janowitz
Prospect Heights

**True Colors** 222
Agnethe Glatved & Matthew Septimus
Ditmas Park

**Dinge, die wir mögen** 236

# Ad Hoc. Rebellisch. Improvisiert.

»Es gibt nicht die perfekte Lebensart,
aber Brooklyn ist ziemlich nah dran.«

Das sagt Becca Abrams, die in Brooklyn mit Mann Nathan Benn und Sohn Tobias in einer Eigentumswohnung in Ufernähe lebt (Seite 132). Und jeder der Menschen, denen wir auf den folgenden Seiten begegnen, würde ihr wohl zustimmen. Dutzende Türen öffneten sich mir auf meiner Suche nach Interieurs für diesen Bildband – und alle Bewohner waren offensichtlich derselben Meinung.

Dem eingefleischten Brooklyner eilt der Ruf voraus, er lasse sich nichts vorschreiben. Das fand ich bestätigt bei meinen Einblicken in die Brownstones, in die Genossenschafts- und Eigentumswohnungen, die Maisonette-, Altbau- oder Etagenwohnungen, die Lofts und flurlosen Apartments, die Remisen: In Brooklyn gibt es ebenso viele Gestaltungsideen wie Einwohner. Gemeinsam ist ihnen die Weigerung, blind einem Vorbild nachzueifern, sich dem neuesten Trend zu verschreiben, genau so ein Sofa zu wollen wie der Nachbar. Stattdessen ist es in Ordnung, eine ausgemusterte Couch zu übernehmen – so steht in meinem Haus, mit dem die Geschichte auf Seite 12 beginnt, ein drei Meter breites Prachtstück, eine Sonderanfertigung, die uns eine liebe Nachbarin vermachte, als sie sich verkleinern wollte. Wir ließen das Sitzmöbel mit Seidensamt in einem dunklen Avocado-Farbton beziehen, et voilà – es war unsers.

Die Räumlichkeiten in den folgenden Kapiteln bestätigen dieses Rebellentum, das Unkonventionelle eines gesamten Stadtbezirks.

Rund um den Globus preisen Verfechter des guten Stils den Brooklyn-Look, definiert durch Altholzverwertung, Metallmöbel im Industrial Style, nackte Glühbirnen und blanke Mauern. Gewiss, dieser Stil hat Wiedererkennungswert, aber er ist nur ein Teil der ganzen Geschichte. Brooklyn ist nicht nur ein Schmelztiegel der Kulturen – Agnethe Glatved und Matthew Septimus beispielsweise (Seite 222) sind fasziniert von den zwanzig verschiedenen Sprachen, die in ihrer Grundschule in Ditmas Park zu hören sind –, Brooklyn ist auch eine Bastion der gestalterischen Vielfalt. Den Beweis dafür liefern die vorgestellten Wohnungen, deren Ästhetik ebenso unterschiedlich ist wie die Tätigkeiten, denen ihre Bewohner nachgehen: Wir treffen auf Indie-Modedesigner, Filmemacher, Fotografen, Künstler, Autoren, Schauspieler und Unternehmer beiderlei Geschlechts, auf Minimalisten, Sammlernaturen und Asketen.

Während ich damit beschäftigt war, die Bilder mit Texten zu versehen, entdeckte ich, wie sehr mir die dazugehörigen Personen am Herzen liegen. Schon die Intensität und Hingabe, mit der sie von ihren Vierteln und Wohnungen erzählten, machte sie mir sympathisch. Als die ersten Hausbesichtigungen folgten, wurde diese Verbundenheit noch enger. Merele Williams' Bericht von der langwierigen Entkernung des Brownstone-Hauses, das sie viele Jahre mit ihrem inzwischen verstorbenen Mann Terry Adkins teilte, verwandelte das Gebäude (ab Seite 108) in weit mehr als eine Hommage an das Werk des Künstlers: Ich hörte die Geschichte einer Frau, die entschlossen ist, die künstlerische und musikalische Tradition fortzuführen, die ihrem Mann so wichtig war.

Ich hege die Hoffnung, dass auch Sie sich nicht nur durch die Art und Weise inspirieren lassen, in der diese Brooklyner ihre Wohnungen gestalten, sondern auch durch die Charaktere, die darin zum Ausdruck kommen. Lebensfroher und intelligenter kann Interior Design nicht sein.

**Kathleen Hackett**, Brooklyn, New York

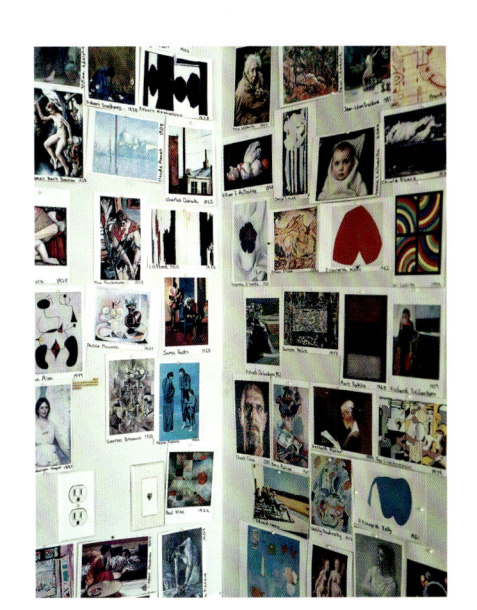

# Gips-Schönheit

**Stephen Antonson & Kathleen Hackett,** Boerum Hill

Charme suchte man in dem gemauerten Reihenhaus vergebens, das Stephen Antonson und Kathleen Hackett vor einigen Jahren bezogen – schön war lediglich die Nachbarschaft entlang der baumbestandenen Straße. Der Vorbesitzer, der hier knapp vierzig Jahre gelebt hatte, wollte anscheinend alles herausreißen, was den Anschein von Pflegebedürftigkeit erweckte. Darunter hatte vor allem der Charakter des Hauses sehr gelitten, doch die neuen Eigentümer waren überzeugt, dass sie diesen bald wiederhergestellt haben würden.

Mit Gips und Farbe in den richtigen Händen lässt sich selbst der banalste Raum im Nu verwandeln. Die Gipsobjekte, Leuchten und Accessoires des Künstlers und Designers Antonson sind bei weltweit führenden Interior Designern begehrt. Seine Arbeit hat er schon immer mit nach Hause gebracht: »Er ist generell ein ziemlicher ›Zwangsarbeiter‹, aber für uns ist es ein herrlicher Zwang, denn dadurch ist unser Haus nun voller wunderbarer Stücke, die Stephen angefertigt hat«, erklärt Hackett. Antonson allerdings gibt zu, dass seine Begeisterung bisweilen an Besessenheit grenzt. Als seine Frau und die beiden Söhne einmal den Sommer über verreist waren, beschloss er, den trostlosen Fußboden des Korridors mit einem komplizierten verschlungenen Muster zu versehen. Er markierte den Boden mit kilometerweise Malerkrepp und erschuf so eine eigene Welt, ganz wie Crockett Johnsons Kinderbuch-Figur Harold mit dem lila Wachsmalstift: »Das hat großen Spaß gemacht, es war wie Pflastermalerei innerhalb der Grenzen der Architektur«, schwärmt Antonson.

Matt Austin

Seite 13: Tisch und Leuchter *Icicle* waren unter Stephen Antonsons allerersten Entwürfen. Unter dem Chesterfield-Sofa stapeln sich Schalen und Tabletts aus historischer Ironstone-Keramik und aus Teak – Teile von Hacketts Sammlung, die andernorts keinen Platz mehr fanden.

Seite 14 und 15: Kathleen, Stephen, James und Finn haben auf ihrem Triplet aus Holland Platz genommen, dem dreisitzigen Tandem, mit dem die Jungen zur Schule chauffiert und wieder abgeholt werden. – Unter der Wohnzimmerdecke schwebt Antonsons Leuchter *Shell*; zu einer überlangen Couch ohne Armlehnen, einem Couchtisch mit Marmorplatte von Atlas Industries sowie geliebten Fundstücken und Flohmarkt-Schnäppchen gesellen sich sein Spiegel *Dexter* und die Lampe *Ring*.

Seite 16 und 17: Hacketts Profil, von Antonson gemalt, ziert die Innenseite der Eingangstür. – Das Thema Hände zieht sich als roter Faden durch beider Leben, denn sie fühlen sich gleichermaßen zu allem Handgemachten hingezogen. Das abstrakte Gemälde entdeckten sie bei einem Händler in Vermont.

Seite 18 und 19: Gips regiert das Speisezimmer: Der Spiegel *Antoinette*, der Leuchter *Angele* und die Kerzenständer *Volute* sind sämtlich Werke von Antonson. – Den Boden der guten Stube zierte beim Einzug noch Laminat; hocherfreut entdeckte das Paar darunter Kiefernholzplanken, die sie abzogen und hellgrau lasierten.

Seite 20 und 21: Fotos, Bilder und Zeichnungen bedecken die Wände entlang der Treppe zum Speisezimmer. Das Porträt von Thelonious Monk malte Earl Swanigan, ein Künstler in Hudson, New York. – Das Betthaupt besteht aus Schrankfalttüren, die mit Packpapier belegt und mit einem von Jean-Michel Franck inspirierten Ziernägel-Dessin versehen sind; daran prangt ein robotergemaltes Porträt von Andrew Carnegie, ein Werk des Künstlers und Erfinders Ken Goldberg; daneben ein Ölporträt vom Flohmarkt.

Rechts: Antonson versah die Tischtennisplatte mit einem gemalten permanenten Schattenwurf, als strömen durch die Bäume ewiger Sonnenschein.

# Sachlich – still – gesammelt

**Quy Nguyen,** Fort Greene

Quy Nguyen lebt im dritten Stock eines Brownstones aus dem Jahr 1901, was ihm sehr entgegenkommt, denn er ist von allem angetan, das alt und ungewöhnlich ist und etwas zu erzählen weiß. »Ich laufe dem Alten hinterher, denn darin kann man Geschichte entdecken, es lockt mit faszinierender Zwiesprache. Wer neu kauft, braucht so etwas nicht zu erwarten«, erklärt Nguyen. Als Creative Consultant mehrerer führender Lifestyle-Marken verbringt Nguyen seine Tage mit der Entwicklung und Regie von Fotoshootings von Einrichtungsgegenständen und Accessoires; das beeinflusst unweigerlich, wie er selbst lebt: »Bei der Arbeit kommt mir so viel in die Hände, dass ich ständig verfeinere, womit ich mich umgeben möchte.« Er betrachtet sich selbst als minimalistisch-zwanghaften Sammler – sobald er etwas in besserer Ausführung entdeckt, wird ausgetauscht. »Ich halte ständig nach der besten Ausführung der schlichtesten Variante Ausschau. Am liebsten sind mir Dinge, die mit geringstmöglichen Mitteln gefertigt wurden. Sie sind interessanter, und ich finde sie schöner.«

Wie schafft es jemand, der sich als für jede Ästhetik offen beschreibt, beim Wohnen mit geliebten Objekten konsequent zu bleiben? »Ich sehe mich mehr als Bewahrer denn als Sammler«, erklärt Nguyen. »Es ist ein wenig, als würde ich ein Museum leiten. Ich bringe Dinge in meine Wohnung, um einen Dialog anzustoßen.« Und diese Beziehung entwickelt sich ständig weiter – außer in der Küche, die abgesehen von den kunstvoll auf dem Herd arrangierten, glänzenden Töpfen und Pfannen nüchtern bleibt. Das Kochgeschirr erzählt eine persönliche Geschichte: Nguyens Mutter, die vor dem Fall von Saigon dort ein Restaurant betrieb, weigerte sich konsequent, in anderen als kupfernen Töpfen zu kochen. »Von ihr habe ich die Liebe zur Kochkunst und zu allem Schönen und Hochqualitativen geerbt.«

Seite 25: Die Shaker-Hakenleiste entdeckte Nguyen auf der im Dreijahresturnus veranstalteten Antiquitätenschau in Brimfield, Massachusetts; ihm gefällt an ihr das schlichte, skulpturale Design.

Seite 26–27: Die Vitrine – USA, frühes 20. Jahrhundert – beherbergt Steine, die von Angehörigen der Volksgruppe der Taíno mit Sternbildern versehen wurden. Über dem Bett hängt ein Druck von Félix González-Torres.

Diese Seite und rechts: Nguyen versah ein Buch über einen seiner bevorzugten Künstler mit Augenausschnitten und »trug« es als Halloween-Kostüm. – Das eingebaute Wohnzimmerregal beherbergt eine hervorragend kuratierte Auswahl an Sammelstücken. »Dinge nach Farbe zu ordnen sorgt für Klarheit«, kommentiert Nguyen.

Seite 30–31: Nguyen wollte kein »schlüssiges Stillleben« auf dem Kaminsims im Wohnzimmer: Ohne den Apfel kollabiert die Installation. – Die amerikanischen Windsor-Stühle mit eckiger Rückenlehne und raffinierter Scheingehrung fassen seine Ästhetik gut zusammen: »Sie lassen sich nicht eindeutig auf einen Entstehungszeitraum festlegen.«

# Bohemian Rhapsody

**Juliana Merz & Harry Cushing,** Dumbo

»Wir haben keinen Plan. Ein Plan ist zu statisch.« Diese Aussage beschreibt das wichtigste Gestaltungsprinzip des Künstlerpaars Juliana Merz und Harry Cushing. Ein kurzer Rundblick durch das Loft, eines von achtzig in der ehemaligen Munitionsfabrik, und wir erkennen, dass das keine leeren Worte sind. Es gehört schon Mut dazu, einen etwas kitschigen, mundgeblasenen italienischen Leuchter mit einem modernen Esstisch und Vorhängen aus Abdeckplanen zu kombinieren. »Ich stelle mir immer vor, hier wohne eine dekadente alte Dame«, lacht Merz. Allerdings eine, die sich nicht an klopfenden Rohren und ein paar Pfützen stört. »Wir haben hier Lecks ohne Ende – immer steht irgendwo ein Eimer – aber es lohnt sich«, erklärt Cushing. Die beiden lieben Verfall ebenso sehr wie Schwelgerei. Ihren Ansatz fassen sie zu drei einfachen Prinzipien zusammen: Größe (manchmal ist knapp verfehlt genau getroffen), Kontrast (Wertvolles unmittelbar neben schönen, aber wertlosen Dingen) und Spannung (attraktive neben unattraktiven Stücken).

Einschränkungen verleihen ihrer Kreativität und ihrer Fantasie gleichermaßen Flügel. »Meine besten Bilder sind die, für die ich die schrecklichen Brauntöne vermalen muss, die mir bleiben, wenn ich all meine Lieblingsfarben verbraucht habe«, meint Merz, und Cushing erzählt: »Manchmal denken wir uns eine völlig abwegige Farbkombination aus und versuchen, etwas daraus zu machen.« Sie fühlen sich von ihrem Loft an einen sizilianischen Palazzo erinnert, und die beiden müssen es wissen: Cushing kam in Rom zur Welt, Merz verbrachte fünfzehn Jahre in Florenz. Heute fliehen sie jeden Sommer aus dem glühenden Brooklyn nach Lucca. »Miuccia Prada ist uns eine große Inspiration. Sie hat für sich den dekadenten Hexenlook adaptiert«, erklärt Merz. Ein anderer Einfluss ist der Regisseur Rainer Werner Fassbinder. »Bei uns sieht es aus wie in dem Hotel in seinem Film *Warnung vor einer heiligen Nutte*«, erklärt Cushing. »Ein kleines bisschen scheußlich.«

Seite 33: Cushing und Merz auf dem Dach ihres Wohnhauses in Dumbo. Merz kommentiert Cushings Kleiderstil: »Früher, bevor er hierherzog, war er ein bisschen konservativ, aber dann war er plötzlich nicht mehr zu bremsen mit seinen Brillen, Sneakern, Kappen. Unsere Kleidung gehen wir genauso an wie unser Design.«

Seite 34–35: »Unser künstlerischer Ansatz wird von der Ästhetik bestimmt«, erklärt das Paar, das inmitten seiner Kreationen lebt und arbeitet. Cushing greift gern auf das geschriebene Wort zurück, um Formen und Ideen Ausdruck zu verleihen, während Merz sich für das Gegenüber von Farbe und Pinselführung interessiert.

Seite 36 und 37: Das Künstler- und Interior-Designer-Paar legt mehr Wert auf Ästhetik als auf Trends, Provenienz und Preis. Einem minimalistischen Sessel aus der Mitte des 20. Jahrhunderts dient ein schwedisches Schaffell als Weichzeichner. – Über dem Arbeitstisch in der Küche schwebt eine überdimensionierte Kugel aus Papptellern, ein Werk des Designers Christopher Trujillo.

Rechts: Im Esszimmer trifft Schlicht auf Gediegen – über einem Esstisch von B&B Italia, an dem simple Bistro-Stühle stehen, schwebt ein mundgeblasener Kronleuchter, der einst in einem Kino in der toskanischen Stadt Lucca prangte. »Als der Leuchter eintraf, waren Teile davon zerbrochen – sie zu ersetzen dauerte ein ganzes Jahr«, erklärt Merz.

Seite 40 und 41: Das Sofa von George Smith und der von Donald Judd inspirierte Couchtisch machen sich gut in dem rauen Ambiente. »Wir mögen Verfall, es stört uns nicht, dass es von der Decke bröselt«, meint Cushing. »Viel besser, als in einer Gipskartonschachtel zu wohnen.« – In einem abgeschabten Schuhregal stapeln sich Kunst- und Designbücher.

# Into the Woods

**Evan & Oliver Haslegrave,** Greenpoint

Der eine Bruder ist kultiviert, reserviert und ernst, der andere kantig, gesellig, charmant. Gemeinsam verkörpern Oliver und Evan Haslegrave das Ethos von hOmE, dem Designunternehmen, das sie Anfang der 2000er-Jahre aus der Taufe hoben. Sie gelten als Brooklyns Erwiderung auf Keith und Brian McNally, jene Restaurantbetreiber, denen die Neuerfindung von Downtown Manhattan zugeschrieben wird, denn mit Wiederverwerten und Aufpolieren haben sich die Gebrüder Haslegrave einen Logenplatz in Brooklyns Restaurantszene gesichert. Über zwanzig Bars, Bistros, Läden und Privatwohnungen umfasst ihr Design-Portfolio bereits, darunter das Sisters, das Cherry Izakaya und das Alameda – das Duo wird nicht selten als Erfinder von Brooklyns Do-it-yourself-Kultur bezeichnet. Die Anfänge haben sie reichlich Schweiß gekostet: »Zu Beginn ging es uns wie den Haifischen: Wir mussten ununterbrochen in Bewegung bleiben, um zu überleben«, meint Evan. Bis vor kurzem – beide sind noch nicht lange verheiratet – war ihr Arbeitsort zugleich ihre Wohnung. Bevor sie an die Räumlichkeiten Hand anlegten, gab es hier nichts als vier Wände und ein paar Säulen. Heute ist das Loft in der kargen Papierfabrik ein lebendiges Tableau ihrer Designprinzipien – ebenso einnehmend wie die Brüder selbst.

Seite 43: Die Brüder Haslegrave – links Oliver, rechts Evan – Seite an Seite am Arbeitstisch; im Hintergrund ein klassisches Türen-Ensemble. Ihre Entwürfe entstehen zunächst ganz altmodisch auf Papier. »Die CAD-Zeichnungen kommen erst zum Schluss, bevor wir die Arbeit dem Klienten vorlegen«, erklärt Oliver.

Seite 44–45: Zwei mit Seidensamt bezogene Sessel bringen einen Hauch Eleganz ins ungeschliffene Wohnzimmer; an der Wand das aus einem Warenlager in Bushwick gehebelte Plankentrio, das den Brüdern in ihren vorherigen drei Wohnungen mal als Tischplatte, mal als Wanddeko diente. Der Couchtisch war einmal das Reißbrett eines Architekten.

Rechts: Materialien für zukünftige Projekte sind dekorativ in einem Wohnzimmer-Alkoven untergebracht (der Spiegel landete letztendlich im Sisters, einem Restaurant in Clinton Hill).

Seite 48 und 49: Die originale Fabriktür, die zum Loft der Brüder führt, wird regelmäßig von den Graffiti-Künstlern der Gegend umdekoriert. – Ein Oberlicht versorgt die offene Küche mit reichlich Licht. Die Vertäfelung der Einbauten gestalteten die Brüder aus Bilderleisten – eines ihrer Markenzeichen. Das kultige Hinweisschild fanden sie bei BIG Reuse, einem Altmaterialhandel in Brooklyns südlichem Stadtteil Gowanus.

# Eat Play Love

**Paola & Chicco Citterio,** Bedford-Stuyvesant

Kochen, Kunst, Familie: Das ist die Dreifaltigkeit von Paola und Chicco Citterio – oder zumindest das Geheimnis ihres bunten Lebens als Restaurantbetreiber, Künstler und Eltern. Beide zogen um der Liebe willen von Italien nach New York: Chicco vor zwanzig Jahren wegen Paolas bester Freundin, und Paola fünf Jahre später wegen Chicco. »Ich habe meine komplette Wohnungseinrichtung in Mailand verkauft, um nach New York City zu kommen«, erklärt Paola, die ihren Job als Szenenbildnerin aufgab, um bei Piadina in Manhattan einzusteigen, dem ersten von mehreren Restaurants, die sie und Chicco in den folgenden Jahren gemeinsam betrieben – das jüngste davon das Lella Alimentari im Stadtteil Williamsburg.

Nach einigen Jahren in Williamsburg zog das Paar vor acht Jahren, gleich nach der Geburt von Tochter Amelia, nach Bedford-Stuyvesant, ihrer ersten Adresse in Brooklyn. Bruder Ercole folgte vier Jahre darauf. »Nachdem ich Italien verlassen hatte, schien es mir an der Zeit, eine Familie zu gründen – und darin finde ich heute meine ganze Inspiration«, erzählt Paola, die einmal die Art Basel Miami Beach foppte, indem sie eines ihrer handgeknüpften Bilder an die Wand der Besuchertoilette der Pulse Gallery hängte, um dann überall Suchplakate zu verteilen.

Ähnliche Unbekümmertheit prägt das dreistöckige Brownstone, in dessen Eingangsbereich die Porträts, die die Kinder von Chicco in seiner roten Lieblingsmütze malten, eine ganze Wand einnehmen. »Wir sind eine sehr glückliche Familie, denn wir spielen gern – mit Farbe, Objekten, Licht«, erklärt Paola. Sich selbst beschreibt sie als die Disziplinertere der beiden: »Mitunter träume ich von einem minimalistischen Haus mit einem einzigen Schrank, aber ich glaube, das ist unmöglich.« Weder sie noch ihn verlangt es nach teuren Dingen – oder nach ernsten. »Im ganzen Haus kann man sehen, dass hier Kinder wohnen. Beide haben ihre eigene Persönlichkeit, die muss sichtbar sein. Es passt, weil jeder von uns seinen ganz persönlichen Schönheitssinn einbringt.«

Seite 51: Das Haus Citterio ist angefüllt mit Kunst und Musik. Im Salon flankieren raumhohe Fenster *Colori Caldi*, ein Ölgemälde auf Filz – eine von Paolas ersten Anschaffungen nach ihrem Umzug von Italien.

Seite 52 und 53: Den Citterios geht in sämtlichen Aspekten ihres Lebens Spontaneität über Formalität; ein Buch hat man hier ebenso rasch gegriffen wie das Bassflügelhorn, den E-Bass oder eine der Akustikgitarren, die in der Wohnzimmernische stehen. – Das kunterbunte dänische Emaillegeschirr behielten die beiden für die eigene Küche, als sie eines ihrer Restaurants veräußerten: »Im Keller haben wir noch einmal rund hundert Teile«, meint Paola.

Rechts: Wolle aller Art, ob als Filz, als Garn oder unversponnen, verwandelt Paola in Kunst. Der Esstisch ist zugleich ihr Werktisch. Das in die Abdeckung eines Gebäudeventilators geknüpfte Bild an der Wand stammt von ihr; den Matratzenfederkern, in den sie eine gigantische Blume knüpfte, fand sie am Straßenrand auf dem Land. »Ich nenne es *13.862 Knoten und eine Zwangsräumung*, denn ich hatte es just fertiggestellt, als wir unsere Wohnung in Williamsburg räumen mussten«, erklärt sie.

Seite 56 und 57: Amelias Sweatshirt sagt mit zwei Worten alles. – Die Begeisterung der Kinder für Chicco ist an der Eingangswand zu einer Installation zusammengefasst.

Seite 58 und 59: Paola und Chicco Citterio lassen ihre Wände bevorzugt weiß; kräftige Farben bringen sie mit Objekten und Textilien ein. Die schwimmbadgrüne Wandfarbe im Bad ist die Ausnahme.

# Alltagsspuren

**Ali,** Crown Heights

Mehrfachtätigkeit findet man unter Brooklyns Kreativen häufig, doch der Künstler / Stylist / Creative Director / Interior Designer / Fotograf / Visual-Merchandising-Gestalter Ali ist schwer zu toppen. Das aus Florida stammende Universaltalent mit dem superkurzen Namen zog vor knapp zwei Jahrzehnten in seiner damaligen Rolle als Indie-Musikproduzent von L. A. nach New York.

Alis Loft – sein Wohn- und Arbeitsraum, in dem seine Passionen nicht zu übersehen sind – erlaubt direkten Einblick in seinen Kopf. Der erste Eindruck ist geräumig, heiter und gut sortiert. Schaut man sich genauer um, wird klar, dass bei diesem Mann das optische Feintuning ständig auf höchste Empfindlichkeitsstufe eingestellt ist. So ist es, seit Ali zarte acht Jahre alt war und in seiner Heimatstadt Tampa eine Ralph-Lauren-Boutique eröffnet wurde: »Ich war ständig dort und habe mich umgesehen«, erzählt er. »Überall Messing, Holz, Leder, Requisiten – da wurde etwas erzählt.« Seither arrangiert er in jedem Winkel seines Lebens Dinge zu visuellen Geschichten. Eine besonders vielschichtige erzählt einer seiner Schränke, ein »Raum«, abgeteilt durch ein Regal mustergültig geschundener Jeans- und Arbeitsklamotten, manche vom Beginn des 20. Jahrhunderts. Zu jedem Stück weiß Ali die Geschichte zu erzählen, zu jeder Naht, jeder Niete, jedem Flicken. Erstaunlicherweise träumt er davon, in einem voll ausgestatteten Frank-Lloyd-Wright-Haus zu leben: »Man könnte einfach mit seinen Sachen einziehen!« – als passten seine in einen einzigen Koffer.

Wenn Ali heute nicht gerade für einen Klienten seines Ein-Mann-Unternehmens anoblesavage.com ein Marketingkonzept erstellt, malt er. »Ich habe mich schon immer für das Material Farbe interessiert. Darin steckt Verwandlungskraft, und mit der Pigmentierung zu spielen ist sehr erfüllend. Schwer, leicht, fröhlich, traurig – ein weiteres Medium, mit dem ich eine Geschichte erzählen kann.«

Seite 61: Abgetragene Jeans, in Originalgröße fotokopiert, zieren eine Wand in Alis Studio – die Vorarbeit zu einer Installation, die er später ausstellte. Der Künstler, hier vor seinem Work-in-Progress, trägt seine Lieblingsmokassins von Gucci und einen zerliebten Wollpullover mit U-Boot-Ausschnitt aus den Dreißigern.

Seite 62 und 63: Leder, Federn, Geweihknochen – auf einem Werktisch, der einmal in einer Schreibmaschinenfabrik auf dem alten Werftgelände des Brooklyn Navy Yard stand, finden sich disparate Objekte aus Alis Sammlung zum Stillleben zusammen. Ali ließ das Loft bewusst im Urzustand, mitsamt der alten Haptik und Patina.

Seite 64 und 65: »Ich war schon immer verrückt nach Taschen«, erklärt Ali. Feste Einkaufsbeutel, funktionale Seesäcke, Ledertaschen, Rucksäcke, alte Kassenbeutel – alles ist hier zu finden. – Der Stutzflügel im Korridor »tut's noch immer – als Skulptur«, meint Ali. Die Neonleuchte in der Höhe stammt vom befreundeten Künstler Gandalf Gavin.

Rechts: Ali tituliert das Regal auf der einen Seite seiner Kleiderkammer als seine College-Kollektion: Vintage-Jacken, Rugby-Hemden und Pullover mit den Namen und Abzeichen bekannter amerikanischer Universitäten und Vereine.

Seite 68 und 69: Alis Wohnung besticht mit einem doppelten Luxus, von dem die meisten New Yorker nur träumen können: Platz und Licht.
– Ein historisches Holzelement aus einem Brownstone der Jahrhundertwende wurde zum Hintergrund für ein spontanes Stillleben auf dem Wohnzimmertisch, wo eine Freundin, die Künstlerin Cara Piazza, Blumen zum Trocknen auslegte. Piazza stellt daraus Pflanzenfarben her.

# Ein Hauch von Indien

**Alayne Patrick,** Carroll Gardens

Alayne Patrick schwört, sie habe an der Inneneinrichtung ihrer Wohnung in den beinahe zwanzig Jahren, die sie darin lebt, nichts geändert. Was man kaum glauben möchte, denn immerhin hat die gebürtige Kalifornierin ihr gesamtes Erwachsenendasein damit verbracht, Mode und Wohnambiente zu gestalten. Zu Beginn ihrer Karriere führte Patrick ein Nomadenleben, jettete als Fotostylistin um die Welt; heute hat sie ihre Vision in ihrem Zwei-Zimmer-Gartenapartment umgesetzt – und in Layla, ihrem zauberhaften kleinen Ladengeschäft in Boerum Hill, das nur wenige Fahrradminuten entfernt an einer Seitenstraße der geschäftigen Atlantic Avenue liegt. Die Westentaschenboutique ist randvoll mit antiken Textilien, Bettwäsche und Schmuck, dazu Kleidung aus selbstentworfenen bedruckten Stoffen, die von ihrer langen Schwärmerei für Indien geprägt ist.

Weder der Laden noch die Wohnung misst mehr als siebzig Quadratmeter, doch Patrick bezeichnet diese Einschränkung als Geschenk: »Das vermittelt mir dasselbe Gefühl wie meine Art, mich zu kleiden: Ich habe eine Uniform. Das macht das Leben unkompliziert.« Und bunter, denn Patrick bedient sich gern bei den Farbpaletten der Basare und Märkte ihrer Wahlheimat: »Je mehr Farben man einbringt, desto besser vertragen sie sich.« Tatsächlich ist dies das Einzige in ihrem Leben, bei dem sie sich keinerlei Beschränkung auferlegt: »Ich fahre nirgends mehr hin. Ich bin sehr sesshaft. Selbst Brooklyn verlasse ich nur selten.«

Seite 71: Nichts peppt ein fades Sideboard so gründlich auf wie roter Lack. Patrick verwendete die Farbe Red von Benjamin Moore.

Seite 72 und 73: Im Wohnzimmer liegen mit Seidensatin bezogene Bodenkissen von der Pariser Boutique Liwan verstreut. Patrick strich die Wohnung komplett weiß – die ideale Kulisse für dunkles Holz und kräftige Farben. »So kann ich jederzeit jede Farbe einbringen«, kommentiert sie.

Diese Doppelseite: Ein kräftig rosafarbenes Gemälde des in Brooklyn ansässigen Künstlers Elliott Puckette lehnt auf dem Nachttisch. In Patricks Bildersammlung befinden sich Werke von Riyaz Uddin, Alexander Gorlizki und Karin Schaefer sowie einige ältere Stücke.

Seite 76 und 77: Am liebsten trägt Patrick in der Wohnung offene Adidas-Slipper, die sie vor Jahren in London erstand. – Die Küchenbank ist an die Stelle eines kleinen Sofas getreten, das Patrick nicht mehr gefiel; darauf hat sie Krimskrams dekorativ arrangiert. Das Sitzpolster ist mit antiker Seide bezogen.

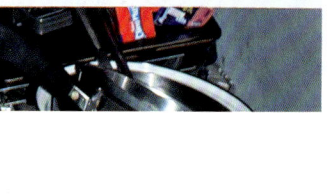

# Einmalig

**Mona Kowalska,** Clinton Hill

Um die klassischen Brownstones von Brooklyn reißen sich viele – nicht nur ist ihre Zahl begrenzt, sie locken zudem mit großen Gärten, Marmorkaminen, Original-Fußböden, reichen Stuckprofilen und einer formidablen Deckenhöhe im Hochparterre. Normalerweise finden hier Sofas, Sessel, Couchtische, edle Teppiche, eine Essgruppe und das eine oder andere größere Kunstwerk ihren Platz. Mona Kowalska allerdings ist jeglicher Herdentrieb fremd: Die Wände ihrer guten Stube ziert nichts als zartes Himmelblau. Auf einer überlangen hochbeinigen Bank in der Raummitte stapeln sich Kunstbildbände und Romane, und die einzige Sitzmöglichkeit bietet ein Tagesbett, das asymmetrisch an einer Wand positioniert ist.

Wer das Kultlabel *A Détacher* der Modedesignerin kennt, ist von ihrer etwas anderen Sicht der Dinge kaum überrascht. Vor fünf Jahren zog Kowalska mit Tochter Claire über den East River hierher. Die in Polen geborene Designerin, die sich schon wiederholt der Forderung widersetzte, ihr Unternehmen über die Zahl von drei Angestellten hinaus zu vergrößern, reagiert auf eine konventionelle Erwartungshaltung mit spontaner Ablehnung. Sie braucht vor allem den Draht zu ihren Kundinnen. Teure Markengeräte und Paradeküchen dagegen braucht sie nicht: Um die eindrucksvolle Größe ihrer Küche zu unterstreichen, setzte sie eine Arbeitsinsel mitten hinein und verzichtete auf Wandschränke. Grundsätzlich scheint es Kowalska in die Mitte zu ziehen: In Claires hellem Zimmer in der dritten Etage steht ein breiter Arbeitstisch quer im Raum, in Kowalskas Schlafzimmer balanciert ein einsamer Kissenturm auf dem Bett.

Die Kaufentscheidung für das Reihenhaus im Italianate-Stil fiel, weil es nicht kaputtrenoviert war. Die einzige Stadt, die für Kowalska eine Alternative zu Brooklyn wäre, ist Lissabon; an der portugiesischen Hauptstadt beeindruckt sie die »anonyme Eleganz«. Das beschreibt auch gut sie selbst und ihren einmaligen Stil.

Seite 79: Kowalska und Tochter Claire im Hochparterre ihres Hauses in Clinton Hill.

Seite 80 und 81: Die beiden Wohnräume im Hochparterre trennt die original erhaltene zweiflügelige Schiebetür. Kowalska besteht nicht auf epochentypischen Details: An dem kunstvollen Deckenmedaillon befestigte sie eine Messinglampe aus den Siebzigern. – Kopfüber hängt der Druck von Félix González-Torres über dem Kamin. »Beim Rahmen wurde der Haken an der falschen Seite montiert, und ich habe ihn einfach dort belassen«, erklärt Kowalska. Ein eigener Entwurf ist der einen knappen Viertelzentner schwere Pouf aus Filz, der regelmäßig in Form geklopft werden muss.

Rechts: Claires Schlafzimmer nimmt die ganze Hausbreite ein; wenn sie nach der Kunsthochschule daheim ist, wird es zum Studio. »Ich habe außerordentliches Glück, dass ich so viel Licht und Platz habe«, meint sie.

Seite 84–85: Die Assemblage auf Kowalskas Schlafzimmerkommode verkörpert die Originalität der Designerin perfekt. Das lederne Choker stammt aus ihrer »neurotischen« Kollektion 2011. Das Ölgemälde fand sie auf eBay, die dekorativen Kästen in Chinatown – dort dienen sie dem sicheren Transport von Keramik. In der gläsernen Weintraube stecken Fotos, »die meisten von Claire«.

Seite 86 und 87: In der Küche stellte Kowalska das schiere Raumvolumen in den Mittelpunkt; bei den Elektrogeräten fiel ihre Wahl auf »ganz normale«. – Die rotkarierten Bezüge für das dicke Rückenpolster und das oberste Kissen entstanden aus einer Tischdecke, die Kowalska von einer Indienreise mitbrachte. Den Ikat-Überwurf ließ sie von einer Frauen-Kooperative in Cajamarca (Peru) fertigen. »Diesen geknüpften Abschluss kenne ich von nirgendwo sonst – eine perfekte Synthese spanischer und japanischer Ästhetik«, erklärt sie.

# Echtes Drama

**Carl Hancock Rux,** Fort Greene

Als Carl Hancock Rux' Lieblingshandel mit historischen Bauelementen dichtmachte, war er dermaßen niedergeschmettert, dass er am letzten Öffnungstag mit einer brennenden Kerze im Laden erschien. »Mir war wirklich zum Weinen«, sagt er. Der mit einem Obie Award ausgezeichnete Dramatiker, Romanschriftsteller, Dichter, Essayist, Musiker, Schauspieler und Radiomoderator bezeichnet sich selbst als Interior-Design-Junkie mit einer Schwäche für »alte Sachen«. »Wie ein Mensch gelebt hat, verdeutlichen Gegenstände mit Geschichte auf eine Weise, wie es ein Buch nie könnte«, sagt er. Ob Peggy Guggenheim je selbst an ihrem Spülstein stand, wissen wir nicht – Rux aber ist begeistert, dass dieser heute in seiner Küche steht. Als sich sein heutiger Esstisch noch im Gebäude der New Yorker Society for Ethical Culture befand, arbeitete daran Jacqueline Kennedy.

Gemeinsam mit seinem Lebensgefährten, dem Juristen Patrick Synmoie, einem begnadeten Gärtner und Blumen-Stylisten, bewohnt Rux ein Brownstone im Italianate-Stil, in dem er sein Talent für Inszenierungen voll auslebt. Seine Ästhetik verortet er bei Gertrude Stein, verquickt mit einer Faszination für afrikanische Kunst: »Ich stelle mir vor, Picasso schaut vorbei, um sich Steins letzte Neuerwerbung anzuschauen.« Er juxt – zugleich konstruiert er ständig neue Szenarien. Anlaufpunkt für kleine Sünden ist eine nahe gelegene Spelunke namens Alibi, in der früher einmal ein mechanisches Klavier stand. »Wenn ich so darüber nachdenke – in genau so einer Kneipe hätten Henry Miller, John Steinbeck, Gertrude Stein und Marianne Moore zusammensitzen können. Hier kann man die Geschichte mit Händen greifen«, schwärmt er.

Seite 89: Rux ist Stammkunde im nahen Café Smooch, wo er zum Jogurt mit Granola einen Cappuccino bestellt.

Links: Spaziergänger bestaunen regelmäßig das Haus, das sich durch seine üppig mit Efeu berankte Fassade von den Nachbarn absetzt.

Diese Seite: In der Küche stehen alte und junge Klassiker einträchtig beieinander. Als begeisterter Koch heizt Rux regelmäßig seinem gut hundertjährigen Emailleherd ein.

Diese Doppelseite: Fabrikneues kommt Rux nicht ins Haus; jedes Objekt, jedes Möbelstück im Wohnzimmer hat eine Geschichte. Das von seinem bunten Lack befreite Metallpony lief einst in Europa auf einem Karussell im Kreis.

Seite 94 und 95: Hingerissen von den Wandfresken, die ihm in französischen und italienischen Wohnungen und Hotels begegneten, versuchte Rux sich in seinem Schlafzimmer selbst daran; einziger weiterer Wandschmuck ist ein Selbstporträt. – Die alte, über sieben Zentner schwere Badewanne erstand Rux bei Olde Good Things in Scranton, Pennsylvania. »Sie musste per Kran durchs Badezimmerfenster gehievt werden«, erklärt er. »Die ganze Nachbarschaft hat zugeschaut.« Die französische Marktwaage entdeckte er auf dem Flohmarkt in Saint-Ouen/Paris.

# Die Visionäre

**Mats & Lorri Hakansson,** Crown Heights

Als Mats und Lorri Hakansson zum ersten Mal einen Blick in die Garage warfen, die heute ihr Zuhause ist, wimmelte diese von Arbeitern, die Autoantennen produzierten. Für weniger visuell begabte Menschen wäre das vielleicht ein Problem gewesen. Nicht aber für die Modestylistin und den Creative Director: Sie sahen spontan den zukünftigen Raum vor sich. »Wir waren nicht nur von der Immobilie begeistert – die gesamte Wohngegend hat jede Menge Charakter«, beschreibt Lorri die Straßenzüge mit umgebauten Ställen, Remisen und Garagen mit Obergeschoss.

Das war 2004. Ihr Umfeld in Manhattans East Village erschien ihnen immer mehr wie ein erweiterter Campus der New York University. Zwar hatten sie sich hier vor Jahren in einer Bar kennengelernt, doch die Stadt, die niemals schläft, konnte sie nicht mehr verzaubern. Was nun lockte, war die Aussicht darauf, die Garage auf Vordermann zu bringen und zu einem Zuhause zu machen.

»Wir ließen so viel wie möglich intakt«, sagt Mats über den zweistöckigen Bau mit zwei Schlafzimmern und zwei Bädern, den sie inzwischen gemeinsam mit Sohn Bengt und dem schönen Ungarischen Kurzhaar Agi bewohnen. Da sie aufs Wänderücken verzichteten, war das Wohnzimmer groß genug für eine Hüpfburg; zur Garage zogen sie eine Mauer, an die sie Regale montierten, sodass ein Büro entstand. Im Erdgeschoss reflektieren die auf Hochglanz polierten Betonböden die Helligkeit, die in vier Metern Höhe durch das Oberlicht einfällt. Im Obergeschoss gehen von einem gemütlichen Wohnraum die Schlafzimmer und ein Bad ab. Bei der Möblierung votierte das Paar für eine sparsame, klare Einrichtung. »Das war eine unserer Regeln«, stellt Lorri fest. Bengt allerdings, für den das Erdgeschoss ein genialer Roller-Parcours ist, hat die Sache mit den Regeln anders verstanden: »Wir haben nur eine Regel: Jeder macht seine eigenen!«

Seite 97: Zwei türkisfarbene moderne Sessel, die Lorri von ihrem Großvater erbte, verleihen der Wohnzimmereinrichtung Gewicht. Als die beiden einzogen, war das Oberlicht zugestrichen – sie haben es gemeinsam freigelegt.

Seite 98 und 99: Im gewaltigen Erdgeschoss zogen die beiden eine einzige Wand; vorne ist nun eine Bürofläche, nach hinten hin ein Garagenraum. Bengt freut sich über den Auslauf, denn hier kann er sein Lichtschwert schwingen, ohne irgendetwas zu gefährden – auch nicht Lorri, Mats oder Agi.

Rechts: Der Alkoven ist gerade breit genug, um eine Küchengrundausstattung rund um einen ausladenden alten Spülstein unterzubringen.

Seite 102 und 103: Im Obergeschoss herrschen Grautöne vor; die relativ dunkle Nuance der Schlafzimmerwände verändert sich im Tagesverlauf. – Durch das gesamte Erdgeschoss zieht sich polierter Betonboden. Sechs Möbelstücke reichen aus, um den offenen, lichten Wohnbereich zu definieren.

Seite 104–105: Viele unterschiedliche Texturen auf dem Bett und zwei Bilder vom Flohmarkt lassen das schlichte Elternschlafzimmer aufleben.

Seite 106 und 107: Dreizehn verschiedene Grautöne brachten die beiden im Obergeschoss unter, den hellsten davon im Bad, dessen Glanzstücke ein Leuchter aus Muranoglas und eine getriebene silberne Seifenschale sind. – Der Wohnraum erhält durch das Tagesbett und den Hocker aus Bali sowie zwei Safarisessel eine wohnliche Atmosphäre.

# Künstlerisches Statement

**Merele Williams,** Clinton Hill

»Ich wollte nie in einem Haus leben, das man innerhalb von ein, zwei Monaten fertig einrichten kann«, erklärt Merele Williams. Wer sich in dem Brownstone umblickt, das die lebhafte Maklerin mit ihren Kindern Titus und Turiya bewohnt, deren Vater, der Konzeptkünstler und Bildhauer Terry Adkins, 2014 plötzlich verstarb, möchte das nicht so recht glauben. Hochweiße Holzprofile und Wände, makellos arrangiertes Mobiliar, ein perfekter Mix von Texturen, Formen und Farben, die völlige Abwesenheit von Unordnung – diese so ausgeglichene Frau kann man sich in einer halbfertigen Wohnung kaum vorstellen. Doch Williams ist keine Diva. Als sie und Adkins das imposante Haus erwarben, war es in Ein-Zimmer-Apartments unterteilt, mit sechs verkommenen Küchen und durchlöcherten Zimmerdecken. »Es musste entkernt werden«, erklärt sie, »und die Bauleitung hatte ich.« Während der einjährigen Grundrenovierung schlief die Familie auf Luftmatratzen mal in der einen, mal der anderen Etage – je nachdem, wo gerade gearbeitet wurde.

Ein Haus so komplett auszuräumen erfordert Courage, der Anblick der leeren Hülle kann manchen entmutigen. Nicht jedoch diese beiden, die genau wussten, was sie vom Leben und von der Liebe erwarteten. »Ich war immer überzeugt, dass ich einmal einen Künstler heiraten würde, also habe ich mich in einem sexy roten Kleid auf eine Vernissage begeben, dort Terry kennengelernt, und es war Liebe auf den ersten Blick.« Adkins' über viele Jahre zusammengetragene Sammlung von Mid-Century-Möbeln sowie von Kunst, Instrumenten und Textilien aus Afrika begegnen wir auf allen vier Etagen. Wohin man auch blickt, wird man an die vielseitige Begabungen des Künstlers erinnert. Hier botanische Gouachen in Yves-Klein Blau, dort ein Lamellophon auf dem Kaminsims. Neben dem Sofa liegen Schlittenglocken, damit jeder, der das Wohnzimmer betritt, sie anstößt und den Raum mit ihrem schönen Klang erfüllt. »Solange Terry lebte, war das Haus voller Musik«, erklärt Williams. »Ich sollte mir öfter Musik anhören.«

Seite 108: Merele Williams und Tochter Turiya vor Bildern von Lorna Simpson.

Seite 110 und 111: Für die Skulptur über dem Wohnzimmerkamin goss Adkins geschmolzenes Glas auf ein gefundenes Objekt, um dann Stücke davon abzustoßen. – Zwischen den Fenstern im Hochparterre lehnt eine signalgelbe Mikrofonstange, die der Künstler für eine Performance über den Abolitionisten John Brown konstruierte.

Rechts: Eine Fotografie von Jacolby Satterwhite dominiert Titus' Schlafzimmer, dessen Leichtathletik-Medaillen ebenfalls Teil des Dekors sind.

Seite 114 und 115: Williams hängt besonders an Adkins' botanischer Gouachen-Serie in Yves-Klein-Blau; sie sind im Wohnzimmer über einer Mid-Century-Anrichte arrangiert. – Eine gerahmte Freimaurermaske, die Adkins in den 1990er-Jahren in einer Performance verwendete, nimmt einen Ehrenplatz in einer flachen Küchennische ein.

Seite 116–117: In Williams' Schlafzimmer hängt die Urkunde, die Adkins über seine Zeit als Artist-in-Residence der American Academy in Rom erhielt; darüber ein von ihm gefertigter Druck.

# Radikal 60er

**Joe Merz,** Brooklyn Heights

Der in Brooklyn geborene Joe Merz lernte seine Frau Mary 1947 kennen, als beide am Pratt Institute im Stadtteil Fort Greene studierten. Mary war zuvor zwei Jahre in Illinois zur Uni gegangen, wo sie Modulmöbel für ihr Wohnheimzimmer entwarf und baute. Dort hatte ein Kunstdozent sie ermutigt, nach New York City zu gehen, und so war sie nun eine von nur zwei Frauen an der Kunsthochschule. »Ich habe sie immer damit gefoppt, ich hätte sie nur ihrer Möbel wegen geheiratet«, sagt Merz. Es war jedoch die gemeinsame Begeisterung für Architektur und Design, die die beiden verband. Merz erinnert sich voller Nostalgie, dass beide als Teenager dieselbe Bleistiftzeichnung aus einem Schulbuch abgezeichnet und gerahmt hatten – und zwar von einem Künstler, der später am Pratt Institute Professor der beiden war. Diese Ehe wurde mit Papier und Graphit besiegelt.

Mary starb vor einigen Jahren, doch ihr Vermächtnis bleibt in dem Haus lebendig, das die beiden 1965 für sich und ihre vier Kinder errichteten (das Loft von Tochter Juliana ist ab Seite 32 zu sehen). Die Hohlblock-Architektur ist eine von drei unverkennbaren Merz-Kollaborationen an der von Brownstones und Ziegelbauten gesäumten Straße; sie erinnert an die Arbeit von Louis I. Kahn, der großen Einfluss auf Joe Merz hatte. »Damals waren die Nachbarn deutlich geteilter Meinung, was unsere Arbeit anging, denn unsere Häuser unterschieden sich radikal von den übrigen«, erklärt er. Entscheidend aber ist immer der Kontext, und so wurde das Architektenpaar vom American Institute of Architects für sein feinfühliges Eingehen auf die bauliche Umgebung ausgezeichnet. Drinnen sind sämtliche Räume vom Geist Frank Lloyd Wrights durchweht; zugleich spürt man die Liebe zur Natur. »Mary war sehr von Wright inspiriert, doch für die Natur begeisterte sie sich ebenso sehr«, erklärt Merz.

Seite 119: Das Bild über dem von Joe Merz entworfenen Esstisch ist ein Brettspiel; gemalt hat es seine Tochter, die Künstlerin Katie Merz.

Seite 120–121: Die Küchenwand versahen die Architekten mit Nischen, die nicht nur diverse Dinge beherbergen, sondern zugleich vom Wohnzimmer aus schön anzusehen sind.

Diese Seite und rechts: Als die vier Kinder erwachsen waren, baute das Ehepaar die dritte und vierte Etage zu einer separaten Wohnung um und richtete sie mit Möbeln der Mid-Century-Moderne ein. – Die Fenster auf der Hausrückseite gestaltete Merz – hier in seinem Garten zu sehen – analog zu denen der Straßenfront.

# Die perfekte Leinwand

**Karin Schaefer & Diane Crespo,** Brooklyn Heights

Im größten Zimmer ihres »classic six« – so nennen New Yorker Makler eine opulente Fünf-Zimmer-Altbauwohnung – sitzt Karin Schaefer vor ihrer Staffelei, an der sie die Bilder malt, die ihr schon wiederholt die Ernennung zur Artist-in-Residence der Josef & Anni Albers Foundation einbrachten. Ihre mit winzigen Pinselstrichen komponierten Werke gleichen in ihrem Charakter der Wohnung, die sie mit der Filmemacherin Diane Crespo und beider Sohn Kaya teilt. Das stimmungsvolle, heitere, sorgfältig eingerichtete Zuhause lässt sich wie Schaefers Kunst als Serie von Farbflächen auf einer neutralen Leinwand lesen.

»Karin ist die Ordentliche«, sagt Crespo. Was nicht bedeutet, dass Schaefer nicht auch verspielt sein könnte. Tatsächlich führt sie mit Crespo ein fröhliches Doppelleben. Der gemeinsam betriebene Spielzeugladen Acorn fasziniert derart, dass selbst der ärgste Stadtneurotiker darin zur Ruhe kommt – man möchte meinen, Schaefer habe das Geschäft so konzipiert, wie sie es sich als Sechsjährige gewünscht hätte. »Ich bin in England, Holland und Deutschland aufgewachsen, da gab es viel Holzspielzeug und Spielsachen aus Filz«, erklärt die ehemalige Waldorf-Lehrerin. Auch die Natur hatte großen Einfluss auf sie. Schaefer bemüht sich, möglichst viel davon in die Wohnung zu holen – was obsessiv wirken kann, wie Crespo amüsiert anmerkt: »Kaum wird es Sommer, verkündet sie, dass wir dieses Jahr nur Steine in einer ganz bestimmten Farbe sammeln. Letztes Jahr war es Braun«, lacht sie.

Seite 125: Schaefer gibt eine lebhafte Beschreibung Brooklyns und kommentiert: »Genau so stellen sich die Leute das alte New York vor.«

Seite 126–127: Der lange Blick durch die Zimmerflucht ist für Schaefer ein schöner Perspektivwechsel, nachdem sie längere Zeit an der Staffelei gesessen hat.

Rechts: Das Ölgemälde *Trouble the Water* stellte Schaefer Anfang 2015 fertig. In ihrer Design-Ästhetik kommt der Natur eine zentrale Rolle zu.

Seite 130 und 131: Griffbereit hängen wichtige Utensilien an der Lochwand der zweizeiligen Küche, ganz wie im Haus der Koch-Ikone Julia Child: Old School ist cool. – Über Schaefers Schreibtisch im Salon ein Arrangement von Bildern in Schwarz-Weiß, darunter Inuit-Holztafeldrucke, ein Foto von Tomoko Daido und Zeichnungen von Stephen Johnson sowie von Schaefer.

# Szenen einer Ehe

**Becca Abrams & Nathan Benn,** Brooklyn Heights

»Dich werde ich heiraten.« So lautete einer der ersten Sätze, die Nathan Benn zu Becca Abrams sagte. Das war vor fünfundzwanzig Jahren, als er sie bei einem Foto-Shooting für *National Geographic* kennenlernte. Seither sind die beiden unzertrennlich. Die Liebe zu finden – und nicht wieder loszulassen – stellt schon für den Normalsterblichen eine Herausforderung dar. Wie aber stehen die Chancen, wenn man die Leidenschaft mit so gegensätzlichen ästhetischen Obsessionen wie amerikanischen Möbelklassikern (seinerseits) und moderner Fotografie (ihrerseits) vereinbaren muss?

Zusammen mit Sohn Tobias und dem Glatthaar-Foxterrier Webster leben Benn und Abrams in einer Wohnung mit Blick auf den Brooklyn Bridge Park. Hier finden sich zahllose ebenso gewagte wie ausgefallene Kombinationen: In Räumen, die mit wertvollem Mobiliar aus dem 18. und 19. Jahrhundert angefüllt sind, werden Werke von Sally Mann, Katy Grannan und William Wegman vor traditionellen Tapetenmustern ehrwürdiger Hersteller wie Brunschwig & Fils und Colefax & Fowler inszeniert. Benn und Abrams haben offensichtlichen Gefallen an derartigem Wagemut. Nach fast fünfzehn Jahren in Manhattans Upper East Side sehnten sich die beiden nach einem Blick in den Himmel und aufs Wasser. Von einer klassischen Altbauwohnung in eine weiße Wohnschachtel zu ziehen, machte dem Paar nichts aus – als erstes ließen die beiden das Designbüro Ralph Harvard kommen, um Substanz in die Räume zu bringen, dann verwandelte Interior Designer Richard McGeehan sie in ein Zuhause. »Es gibt nicht die perfekte Lebensart, aber Brooklyn ist ziemlich nah dran«, erklärt Abrams.

Seite 133: Eine Fotografie von Katy Grannan hängt an einer Wand, die mit Kanchou Verdigris von Brunschwig & Fils tapeziert ist. Das mit Seidensamt bezogene Sofa ist eine heutige Produktion des Polstermöbelherstellers George Smith.

Seite 134 und 135: Zu Abrams Überraschung erhielt sie bereits wenige Monate nach ihrem Einzug eine Einladung, sich einer Stick-Runde anzuschließen, deren Mitglieder »mindestens zehn Jahre älter« waren als sie. Seither gesellt sich ein selbstgesticktes Kissen zu der Sammlung auf dem Kanapee. – Benns Passionen treffen am Durchgang zum Wohnzimmer aufeinander: Über dem Polsterstuhl, einem begehrten Klassiker, hängt eine seiner Fotografien an der Wand, die jamaikanische Zuckerrohrgastarbeiter mit je mehreren Hüten auf dem Kopf kurz vor dem Rückflug in ihre Heimat zeigt.

Rechts: Webster auf dem grazilen Pfostenbett im Federal Style vom Beginn des 19. Jahrhunderts, über das ein Quilt aus demselben Jahrhundert gebreitet ist. An der Wand Sally Manns *The Wet Bed* und eine von Benns Fotografien.

Seite 138–139: Benn und Abrams mit Masken des meisterhaften Maskenbauers Ida Bagus Anom; sie brachten sie von ihren Flitterwochen auf Bali mit. Die Profilleisten und andere Details im Wohnzimmer haben die Räume im Colonial Style des Museum Winterthur in Wilmington, Delaware zum Vorbild, wo Benn eines Tages am liebsten seine Asche verstreuen lassen würde, wie Abrams sagt.

Seite 141: Die Tapete im Gästebad wurde in den 1920er-Jahren durch die Manufaktur Zuber nach alten Vorbildern gestaltet, weicht jedoch in den Proportionen von der für die damalige Zeit typischen ganzflächig illustrierten Bildtapete ab. Das Paar hatte sie für die vorherige Wohnung vorausschauend auf Leinwand aufziehen lassen, um sie bei einem Umzug abnehmen zu können.

# Bühnenkunst

**Stephen Drucker,** Park Slope

Der waschechte New Yorker Stephen Drucker verbrachte die Wochenenden seiner Teenager-Jahre auf Wohnungsbesichtigungen mit seinen Eltern. »Damals gab es keine Besichtigungstage mit panischem Besucherandrang: Alles zog hinaus in die Vororte«, erklärt er. »Stattdessen gab es verzweifelnde Vermieter und leerstehende elegante Neubauten.« Diese endlose Wohnungssuche in einem Alter, in dem man besonders beeinflussbar ist, sollte für Druckers ganzes Leben die Weichen stellen. Während er in Manhattan eine journalistische Karriere hinlegte, die ihn bis an die Spitze mehrerer führender amerikanischer Lifestyle- und Interior-Magazine trug, wechselte er neunzehn Mal die Wohnung.

Die zwanzigste Wohnung jedoch könnte nun die endgültige sein. »Mein erster Kommentar zu diesen Räumlichkeiten in Brooklyn war: ›Soso, der Grand Concourse‹«, kommentiert Interior Designer Tom Scheerer – er fühlte sich an den eleganten Boulevard in der Bronx erinnert, an dem Drucker aufgewachsen war. »Er war gewissermaßen wieder zu Hause angekommen.« Auch wenn Scheerer nicht die Nostalgie nachvollziehen konnte, die sein Klient empfand, gelang es ihm, die Ausstrahlung des »alten New York« zu erhalten und zugleich einen kontemplativen Raum zu schaffen, wie ihn Drucker wünschte. »Kein einziges Mal hat er die Worte *grandios* oder *Glamour* in den Mund genommen«, meint Scheerer. Stattdessen präsentiert sich die klassische Zweizimmerwohnung als asketischer Rückzugsort mit einer Spur Film Noir, nur dass ein in Sekundenschnelle fortgeräumter Laptop an die Stelle der schweren mechanischen Schreibmaschine getreten ist. Drucker, der einen Abschluss in Denkmalpflege hat, holt den Rechner allerdings täglich hervor, denn er arbeitet an einem Buch über seine Wahlheimat.

Seite 143: Bereits der Vorraum mit einem Tisch von Saarinen als einzigem Möbelstück vermittelt die von Drucker angestrebte Atmosphäre des vollkommenen Rückzugsorts.

Rechts: *Smoke Rings*, eine 1,80 Meter im Quadrat messende Fotografie von Donald Sultan aus der Galerie Mark Humphrey in Southampton, New York; darunter zwei englische Taburetts aus dem 19. Jahrhundert.

Seite 146–147 sowie 149 oben: Auf diesem Couchtisch wird nichts gestapelt. Zwei französische Vasen aus dem 19. Jahrhundert leisten unverzichtbarer Lektüre Gesellschaft. Anstelle von Vorhängen ließ Scheerer Wandschirme mit einer Tapete von Fornasetti bespannen.

Seite 148 sowie 149 unten: Den Vitrinenschrank aus Eiche fand Drucker bei Ruby Beets, einer seiner bevorzugten Orte zum Stöbern in Sag Harbor, New York. Er hat darin einen Teil seiner Sammlung an Basaltware und naturfarbener *drabware* von Wedgwood untergebracht. Die hölzerne Wanduhr aus den 1920er-Jahren entdeckte er bei Heal's in London. »Sie tickt sehr laut. Wenn sie stehenbleibt, fehlt etwas in der Küche«, erklärt er.

# Glücksgriff

**Maura McEvoy,** Dumbo

Maura McEvoy wird nie vergessen, wie sie als Teenager ihr erstes, kellnernd verdientes Geld komplett in einem Antiquitätenladen versenkte. Ihr geliebter Großvater hatte angesichts ihres Fangs nur einen Kommentar: »Wie gewonnen, so zerronnen.« Doch McEvoy, eine professionelle Fotografin und ehemalige Fotostylistin, verlässt sich noch heute auf ihr Gefühl – auch und vor allem bei Wohnungen. Es hat sie nur selten im Stich gelassen.

Der beneidenswerte Blick aus dem Loft, das sie mit ihrer Tochter Oona teilt, hat sich während der vergangenen zehn Jahre dramatisch gewandelt. »Früher gab es hier nur verlassene Lagerhäuser. Es lag unglaublich isoliert, als sei die Zeit daran vorübergegangen«, beschreibt sie Dumbo. Ihre Nachbarn wohnen schon vierzig Jahre in der ehemaligen Fabrik für WC-Sitze. Heute wimmelt der weitläufige Park vor der Tür von Radfahrern, Spaziergängern, Familien mit kleinen Kindern und Hipstern – selbst Brautpaare sind kein seltener Anblick.

Trotz der neubelebten Umgebung ist für McEvoy ein Spaziergang längst nicht so verlockend wie häusliche Gemütlichkeit – wenn sie denn einmal zu Hause ist. Ihr Talent ist so gefragt, dass sie bisweilen wochen- bis monatelang unterwegs ist. Als Eremitin kann man sie allerdings kaum bezeichnen. Der Rundgang durch ihre Wohnung ist die perfekte Alternative zu einer Reise um die Welt. »Alles in dieser Wohnung stammt entweder aus einer Requisitenkammer oder von einem Flohmarkt«, lacht sie. Die Möbel, Objekte und Kuriositäten hat sie während ihrer Arbeitsreisen entdeckt oder übernommen; anderes stammt vom nahen Brooklyn Flea Market. So erzählt das Loft mit jedem Stuhl, Bild und Stein, mit jeder Muschel, Decke, Vase und Postkarte von McEvoys Globetrotter-Leben. »Zufallsfunde sind immer die besten – und wen interessiert schon, ob etwas echt ist?«

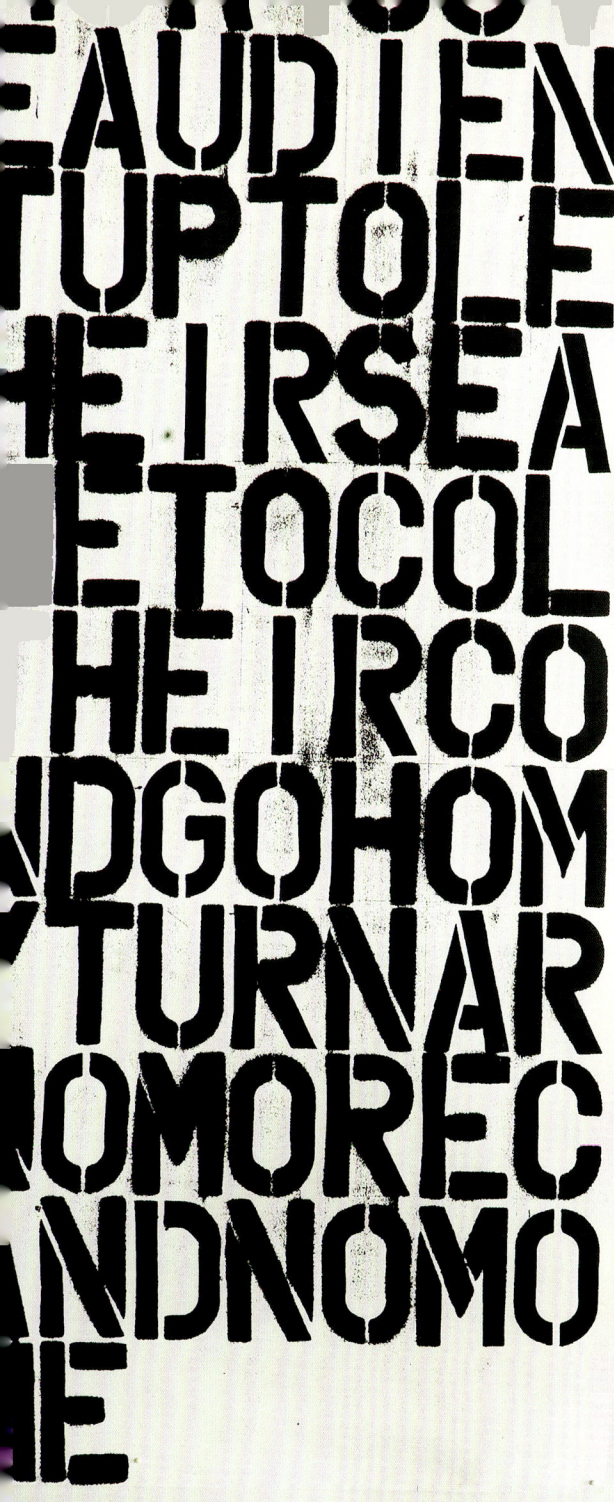

Seite 151: Als Oona von ihrer Mutter gebeten wurde, diesen Löffel bitte nicht in den Geschirrspüler zu stecken, klebte sie das Besteckstück an die Wand. »Sie nannte es ›ihre Kunst‹«, meint McEvoy.

Seite 152–153: Ein Surfbrett, das seit Jahrzehnten im Besitz der Familie ist, ziert eine Wohnzimmerecke. Erinnerungsstücke aus Nah und Fern sind daneben auf einer Kommode arrangiert.

Rechts: McEvoy und Oona verbummeln einen Sonntag zu Hause. Das chinesische Rollbild brachte McEvoy von ihrem ersten Auslandsauftrag mit – damals hatte sie einen einzigen Monat Zeit, um zehn Städte in aller Welt zu fotografieren.

Seite 156–157: Dass dies einmal eine Junggesellenbude war, mit abgesenktem Wohnzimmer, umlaufender Estrade und geschwungenen Wänden, würde man heute nicht denken – McEvoy beseitigte sämtliche Spuren, bis das Loft auf sein Grundgerüst reduziert war.

# White-out

**Hans Gissinger & Jenni Li,** Cobble Hill

Wände können Geschichten erzählen, doch auch ein weißer Fußboden gibt eine Menge preis. In Hans Gissingers und Jenni Lis Küche lässt die abgewetzte Farbe auf den Kiefernplanken keine Frage offen: Dieses Paar kocht für Familie und Freunde, so oft es der Zeitplan gestattet, und pfeift auf perfekte Böden. Als die aus Peru stammende Modestylistin und der Schweizer Fotograf 2013 ihr Backstein-Reihenhaus bezogen, strichen sie es von oben bis unten mit Super White von Benjamin Moore. Ein gewagter Entschluss, denn die Söhne Harmony und Son waren im Kindergartenalter und hatten ein Faible für Wachsmalkreide. »Ein heller Anstrich war die einfachste ›Renovierung‹«, meint Li. Außerdem passt er zu all ihren Möbeln, die nun schon sieben Mal mit den beiden umgezogen sind. »Ich schreibe einfach jedem Teil die passende Funktion für den Raum zu«, erklärt Li.

Es gab jedoch eine Zeit, da passten Wunschdenken und Lifestyle nicht zusammen. Li wohnte damals in Manhattan; auf dem Weg zur Arbeit passierte sie täglich das Geschäft von Antony Todd. »Ich wollte meine Wohnung unbedingt mit derselben leichten Eleganz einrichten«, sagt sie. Doch letztendlich konnte sie sich nicht zu einem Stil durchringen, der zwar schick war, mit ihrem Leben aber nicht in Einklang stand. »Eine Einrichtung ist dann gelungen, wenn man sich wohl darin fühlt. Ich brauchte ein Zuhause, das mich willkommen heißt, in dem ich die Füße hochlegen kann.« Mit dem schlichten, minimalistischen Interieur bewahrt Li ihre Familie vor Stress und Chaos. Farbe hat sich dennoch eingeschlichen: Von der Decke hängen bunte Federmobiles, die ihre große Tochter Taylor gebastelt hat; die Kinderzeichnungen sind mit neonpinkem Klebeband befestigt; an Türgriffen baumeln peruanische Bommel; hier und dort ist ein bunt bemaltes indonesisches Schränkchen zu entdecken; im weißen Klavierzimmer setzt eine klassische Hudson-Bay-Decke mit kräftigen Streifen Akzente. »Irgendwo in meiner Ästhetik gibt es auch eine Sehnsucht nach Farbe«, erklärt Li.

Seite 159: Gissingers Fotografie einer explodierenden Torte, Teil einer Serie, schmückt den Vorraum. Von der Natur inspirierte neutrale Farben bestimmen das Haus.

Seite 160 und 161: Mr. und Mrs. Feathers. – Die heutige Kücheninsel diente in einer anderen Wohnung als Esstisch; Li schraubte ihm Rollen unter und legte eine Marmorplatte auf, die besser zu dem offenen Raum passt.

Rechts: Gissinger und Li (zu seiner Linken) lieben einen voll besetzten Esstisch; die Wellensittiche und der Maltipoo Noah dürfen natürlich nicht fehlen. Die Hängeleuchte, ein mit selbstklebenden LEDs versehener Stahlreifen, ist ein Entwurf von Li, den sie vor Ort fertigen ließ.

Seite 164–165: Die schwarzweiße Himmelslandschaft ist ebenso eine Gissinger-Fotografie wie die rahmenlose Aufnahme von Li und ihrer Tochter auf dem Klavier, das sie über Craigslist ergatterten.

Seite 166 und 167: Abgesehen von einem Anstrich mit Super White von Benjamin Moore und einigen Haken blieben die Badezimmerwände nackt; die klassische freistehende Badewanne stand bereits am Platz. – Der massive Hauklotz, von einem Wochenende auf dem Land mitgeschleppt, dient nun Son als Nachttisch; die Leselampe fertigte Gissinger aus einem Holzstück und einer Klemmleuchte.

Seite 168 und 169: Pompon-Girlanden aus Lis Heimat Peru bringen fröhliche Farbe ins Elternschlafzimmer. – An einer Küchenwand ergänzen sich der Schrankraum und die Waschmaschine-Trockner-Kombi zu einem großflächigen Hintergrund für die Kinderbilder.

# Trautes Heim

**Anne O'Zavelo,** South Park Slope

Allein um ihre Mutter zu besuchen reist Anne O'Zavelo gelegentlich in ihre Heimat Irland. »Ich bin ganz konkret deshalb nach New York City gezogen, weil es das perfekte Mittel zur Bekämpfung der Melancholie meiner Heimat ist«, erklärt sie. Die Rechtsanwältin, Romanschriftstellerin, Interior Designerin und Cafébesitzerin lebt seit über 25 Jahren in den Staaten – und zwar, von zwei Jahren abgesehen, in Park Slope, Brooklyn. »Ich mag es nicht zu geziert«, meint sie, »mein Ansatz ist ein wenig maskulin, ich bin ziemlich handfest. Darum ist Brooklyn für mich einfach perfekt.« Tatsächlich hat Brooklyn ihr seine beiden typisch europäischen Cafés zu verdanken – das Café Regular und das Café Regular du Nord. Darüber hinaus zeichnet O'Zavelo für das Ambiente in dem beliebten Kaffeehaus Little Zelda und in der Bar Two Saints in Crown Heights verantwortlich.

Die »Sparversion eines Brownstone« bewohnt sie mit ihrem Mann, dem Anwalt Don Zavelo (das O' in ihrem Namen hat sie von ihrem Mädchennamen O'Connell beibehalten), ihren Söhnen Oliver und Myles und dem Pudel Lola. Hier hat sie das Zuhause verwirklicht, von dem sie schon während ihrer Kindheit träumte, die sie überwiegend im Internat verbrachte. »Ich habe mich schon immer für die Häuser anderer Leute begeistert«, erklärt sie. »Und mir ständig Notizen gemacht.« Ihre Beobachtungen – ein Kamin muss sein, die Proportionen sind entscheidend, Reduktion tut Not – kommen bei Sohn Myles bereits gut an. Der Teenager fühlt sich hier so wohl, dass er sich morgens kaum hinauskomplimentieren lässt: »Ich will hier nie raus, warum sollte ich? Hier ist es schön!«

Seite 171: O'Zavelo bemalte die Haustür mit dem Schriftzug »OLmy Social Club« – die jeweils ersten beiden Buchstaben der Vornamen ihrer Söhne plus ein Scherz auf eigene Kosten: Als die beiden noch zur Grundschule gingen, wurden Verabredungen zum Spielen nahezu unmöglich, nachdem sich herumgesprochen hatte, dass O'Zavelo und ihr Mann in der Erziehung eher einen Laissez-faire-Stil praktizierten. Die Telefonnummern der wenigen kostbaren Kontakte waren auf ihrem Computer in einer Datei desselben Namens abgespeichert.

Seite 172–173: O'Zavelo ließ den Anstrich in Myles' Schlafzimmer mehrmals wiederholen, bis endlich der angestrebte lehmige Farbton erzielt war. »Die ersten Versuche waren viel zu rot, also haben wir die Farbe immer weiter abgetönt«, erklärt sie. Der Bettbezug aus Leinen stammt von The Red Threads in Manhattan; den Bezug für das Betthaupt ließ sie bei der Reinigung um die Ecke nähen.

Seite 174 und 175: »Design und stilvolle Kleidung gehen Hand in Hand«, erklärt O'Zavelo und bekennt sich zu ihrem Faible für Haute Couture und Designer-Stilettos. – Café Regular, ihr erstes Café, eröffnete sie gleich um die Ecke von ihrem Haus, weil ihr ein schönes Lokal fehlte. »Es ist mein ›dritter Ort‹«, erklärt sie.

Rechts: Ein abstraktes Gemälde des befreundeten Künstlers Bill Tresch schmückt den Treppenabsatz; die Wandfarbe ist Witching Hour von Benjamin Moore. O'Zavelo wählte eine Palette, die die Mängel des Hauses überspielt: »Alles ist alt und hat Risse und war wohl von Anfang an nicht von bester Qualität. Außerdem minimieren diese Farben den schmuddeligen Eindruck, und sie kommen klar mit Staub, Bewegung und Licht.«

# Perspektivwechsel

**Robert Highsmith & Stefanie Brechbuehler,** Cobble Hill

In Stefanie Brechbuehlers und Robert Highsmiths Hochparterre-Wohnung liegt Zimmer Nummer drei eingeklemmt zwischen zwei lichtdurchfluteten Räumen. So üblich eine derartige Aufteilung bei einzeln vermieteten Brownstone-Etagen ist, ein Dilemma bleibt sie allemal. »Jeder dieser Räume war bereits einmal unser Speisezimmer, Wohnzimmer, Schlafzimmer«, erzählt Highsmith. Der Normalsterbliche würde Sofa, Tisch und Bett aufbauen und wäre fertig. Wenn aber beide Ehepartner Design und Architektur im Blut haben, ist ein solches Bäumchenwechsledich der Zimmer Teil des Entspannungsprogramms.

Das Ehepaar hat das Kunststück fertiggebracht, auf weniger als 65 Quadratmetern ein Zuhause zu schaffen, das das Wesen von Workstead verkörpert – der Firma, die die beiden mitbegründeten, als sie 2009 von Manhattan nach Brooklyn zogen. »Uns fasziniert es, wenn Materialien auf Älteres anspielen, zugleich aber mit größerer Raffinesse verwendet werden«, sagt Brechbuehler, die auch Schmuck gestaltet. Das Wythe Hotel im Stadtteil Williamsburg und die Arcade Bakery in Manhattan sind anschauliche Beispiele für diesen Designansatz, ebenso wie die zahllosen von ihnen gestalteten Privatwohnungen.

Ihre eigene Wohnung wirkt dank der sparsamen Einrichtung geräumig und doch behaglich – ein ästhetischer Rösselsprung, zu dem nur fähig ist, wer das nötige Maß an Disziplin mitbringt. Dabei hilft den beiden ihr familiärer Hintergrund: Highsmith entspringt drei Architektengenerationen, und unter Brechbuehlers schwedischen Vorfahren waren Steinmetze und Handwerker. Trotz der ruhigen Wohnung zieht es die beiden am Wochenende in ihr Bauernhaus auf dem Land. Es ist nicht einmal neunzig Quadratmeter groß, aber das ist bewusst so gewählt: »Wir wollen ein mit Sinn angefülltes Leben auf kleinem Raum«, erklärt Highsmith.

Seite 179: Die Lampe *Potence* von Jean Prouvé erleuchtet das Wohnzimmer, dessen Einrichtung teils von der Familie stammt (ein Eames-Sessel), teils von der Straße (ein Nähtisch mit abgesägten Beinen, zum Couchtisch umfunktioniert), teils von Ikea (ein Sofa, dem einfach neue Füße verpasst wurden).

Seite 180–181: Brechbuehler und Highsmith montierten die Regale und entwarfen die Lampe über dem Esstisch. Die Wandleuchten sind klassische Industrielampen von Dazor.

Unten und rechts: Das Schlafzimmer statteten die beiden bewusst nur mit dem Nötigsten aus, denn es liegt in der ruhigen, lichtlosen Mitte der schmalen Wohnung. – Efeu rahmt den Blick vom Esszimmer in den Garten.

Seite 184–185: Die transparente, luftige Anmutung der knapp 65 Quadratmeter großen Wohnung verdankt sich der neutralen Farbpalette, natürlichen Materialien und der sehr zurückhaltenden Einrichtung.

# Finderglück

**Victoria & Nick Sullivan,** Boerum Hill

Die Innendesignerin Victoria Sullivan tritt auf ihrem Hollandrad in die Pedale – in Schuhen, die eigentlich auf den Laufsteg gehören. Todschick, keine Frage, aber »tollkühn« würde es noch genauer treffen. Vor sechs Jahren zog Sullivan mit Ehemann Nick, Fashion Director beim Magazin *Esquire*, der gemeinsamen dreieinhalbjährigen Tochter Florence und dem acht Wochen alten Charlie aus einem Londoner Stadthaus zunächst in eine angemietete Maisonette-Wohnung und schließlich in das Reihenhaus, das heute ihr Zuhause ist. »Der Übersee-Container traf ein, als ich gerade nicht da war – als ich zurückkehrte, hatte Nick schon allem einen Platz gegeben«, erzählt sie. Eine ziemliche Leistung angesichts der Tatsache, dass beide selige Sammlernaturen sind.

Die Sullivans rissen alles bis auf die rohen Wände heraus und bauten das Haus komplett neu aus, mit Victoria als Bauleiterin. Danach begann der vergnügliche Teil. Zu jedem Möbelstück, jeder Lampe, jedem Bild und Kissen in diesem Haus gibt es eine Geschichte – von Rettung, Neuerfindung oder auch klassischer Romantik. Unverfroren platzierten die beiden mitten auf dem Kaminsims eine Büste von Stalin, der sie einen historischen Tschako aufsetzten. Den Wohnzimmertisch schleppten die Kinder im Handwagen von der Straße an, das Stierhorn im Vorraum stammt aus einem Laden in der Nachbarschaft, der auf Tattoos, Piercings und Kuriositäten spezialisiert ist. Eine Murano-Vase erinnert an einen unvergesslichen Tag auf dem Flohmarkt auf der Londoner Portobello Road.

Die Sullivans wohnen goldrichtig in dieser Gegend, die samstags mit winzigen Treppenflohmärkten lockt, auf denen die Bewohner der Häuser Überflüssiges aus Schränken und Kellern verhökern. »Ich toure dann durch die Straßen, halte Ausschau nach Kreidezeichen auf dem Gehweg«, erzählt Victoria. Die Schatzsuche verliert nie ihren Reiz. »Manchmal erwägen wir, zu reduzieren und alles in eine Kiste zu räumen, aber jedes Stück hat eine Geschichte zu erzählen.«

Seite 187: Nick, Victoria, Charlie und Florence Sullivan vor ihrem restaurierten Reihenhaus.

Seite 188–189: Die Farbkreation Quiet Moments von Benjamin Moore bringt Ruhe in den straßenseitigen Salon, wo Sullivan einen Queen-Anne-Schreibtisch ihres Vaters mit dem Stuhl *Ghost* kombinierte. Den Sessel *Egget* entdeckte sie auf einem Treppenflohmarkt.

Seite 190 und 191: Goldgerahmt präsentieren sich ein Foto von Twiggy und ein Souvenir-Fächer. – Im Studierzimmer, das direkt an das Vorderzimmer anschließt, beherrscht Ralph Laurens Marineblau die Wand.

Seite 192 und 193: Auf dem Kaminsims im Studierzimmer prangt eine Büste von Stalin mit Zigarette. – Die britische Flagge alterte Victoria künstlich, indem sie sie zunächst mit Tee färbte und dann in eine Mischung aus Schlamm und grauer Farbe tauchte.

Rechts: Die Wand im Vorraum ist Galerie für Drucke, Fotos und Gemälde, dazwischen eine gerahmte Schädelmaske von einer Halloweenparty.

Seite 196 und 197: Die königliche Garde präsentiert sich auf einem Regal in Charlies Schlafzimmer. – Einzig die Badewanne mit Klauenfüßen verblieb von der ursprünglichen Einrichtung. Die alten Fensterläden für den Sichtschutz entdeckte Sullivan am Straßenrand: »Unglaublich, sie passten!« Die weiße Farbe kam aus der Sprühdose.

# Alteingesessen

**Matt Austin,** Bushwick

Matt Austins Elternhaus gehört seiner Familie seit über zweihundert Jahren. Auf Patina, ob alt oder fake, fährt er ab. Als Teenager fertigte er Nachbildungen früher amerikanischer Kerzenkästen und präsentierte sie dem Antiquitätenhändler um die Ecke als Erbstücke von Großmutters Dachboden. »Ein Kaufangebot sollte bestätigen, dass ich es kann – mehr wollte ich nicht. Obwohl er tatsächlich Interesse hatte, habe ich sie ihm natürlich nicht wirklich verkauft«, erklärt der Künstler und Designer, der auf französische und amerikanische Leuchten des 17. bis 19. Jahrhunderts spezialisiert ist. Austins jugendlicher Übermut war nicht vergebens, denn es gelang ihm, sein Faible für schönen Schein zu einer erfolgreichen Karriere auszubauen. Ein Highlight: die gemalte Sperrholz-Illusion, die er in nur drei Tagen an die Wände einer Marc-Jacobs-Boutique zauberte.

Austins flurlose Schlauchwohnung ist eine ausgewogene Mischung aus Familientradition, neuenglischer Sparsamkeit, Verwandlungsgeschick und Mr. Magoriums Wunderladen. Hier ein vergoldeter Elefant auf Rädern mit beweglichen Flügeln, dort Zeichenblocks in einem alten Pfeifenkasten. Die Schiefertafeln hinter der Küchenspüle stammen von der Yale University, wo Austin früher angestellt war. Selbst die Straße liefert ihm Gestaltungsmaterial: »Ich bekomme ständig Strafzettel fürs Falschparken, also stibitze ich der Stadt im tiefsten Brooklyn Dinge wie Absperrungen und verbaue sie in meiner Wohnung.« Er schafft es sogar, sein geliebtes Rennrad – er steht auf einer internationalen Rangliste – wie eine Skulptur aussehen zu lassen. Austins womöglich raffiniertester Design-Coup aber wird mit Füßen getreten. An seinem 40. Geburtstag fiel ihm morgens auf, dass ihm für die Party ein Tanzboden fehlte. Also malte er eines seiner Lieblingsmuster, das er von Plätzen in Lissabon kannte, auf den Boden. Die Gäste lud er ein, den neuen Boden einzuweihen. »Mit ihren Schuhen schabten sie ihn perfekt ab«, erklärt er. »Heimlich hatte ich sie für mich eingespannt.«

Seite 199: Austin schnitzte die Rahmen für die Girandolen selbst und mischte die Farben für sein Schlafzimmer – Ocker und French Gray – individuell an.

Seite 200–201: Über einer antiken Deckentruhe schwebt eine geflügelte Glieder-Hängeleuchte nach einem der beliebtesten Entwürfe Austins. Ein selbstgearbeiteter Kabeljau wacht über dem Pfostenbett, einem Familienerbstück.

Seite 202 und 203: Als Austin vor einigen Jahren in Nordholland künstlerisch tätig war, gewöhnte er sich an, diese Holzschuhe zu tragen. Nach seiner Rückkehr nach New York City bemalte er sie mit »Gamaschen«. – »Als ich einzog, war die Küche grässlich«, kommentiert Austin die Umgestaltung mit Sperrholz und Tafelwänden; Messing-Schiebeleuchter aus dem 19. Jahrhundert machen die Verwandlung perfekt.

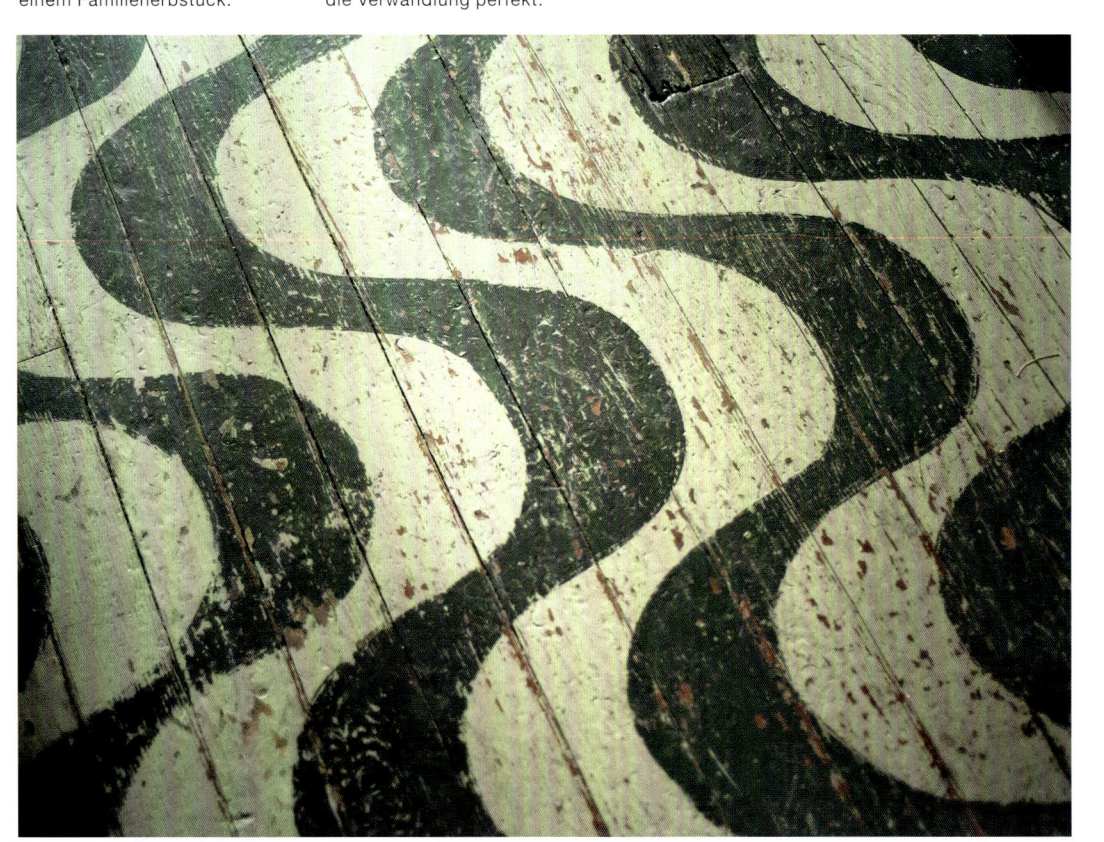

Oben und rechts: Das Bodenmuster imitiert historische Mosaikpflaster aus schwarzem Basalt und weißem Kalkstein, wie man sie aus verschiedenen europäischen Städten kennt.
– Im Küchenregal stehen Werke des Keramikers Eric Bonnin, dazwischen eine Hummerschere, die Matt Austin von seinem Vater als Erinnerung an gemeinsamen Hummerfang auf dem Long Island Sound erhielt.

Seite 206 und 207: Am 11. September 2001 hielt sich der Künstler gerade als Stipendiat im Ausland auf. Das Bild *King Kong Was Wrong* entstand in den darauffolgenden vierundzwanzig Stunden. – Mehrere holzgeschnitzte Perückenköpfe, inspiriert durch französische Papiermaché-Formen des 19. Jahrhunderts, thronen über dem Küchentisch.

# Die nächste Welle

**Victoria & Richard Emprise,** Red Hook

Als Victoria und Richard MacKenzie Childs aus dem Unternehmen für Küchen- und Wohnambiente gedrängt wurden, das sie Jahre zuvor unter ihrem Namen gegründet hatten, verloren die beiden alles, was sie besaßen. Plötzlich saßen sie mit ihren geliebten Rauhaardackeln Mr. Brown und Pinkie in einem winzigen Ein-Zimmer-Apartment in einem ehemaligen Hotel in Manhattans Upper West Side. »Wir haben gewitzelt, wir könnten den Kühlschrank mit den Zehen aufmachen, um im Bett zu frühstücken«, erzählt Victoria. Dieser Humor, gepaart mit Künstlertemperament im Doppelpack, brachte sie schließlich auf die hundertjährige *Yankee* – die letzte der Fähren, mit denen die Immigranten von Ellis Island aufs Festland transportiert worden waren, und die einzige, die in beiden Weltkriegen im Einsatz war. »Wenn uns das Leben auf die Probe stellt, sehen wir das nie als schwere Last. Es ist für uns eine Chance – grenzenlos in ihren Möglichkeiten.«

Das Paar, das inzwischen einen neuen Namen angenommen hat, hat mit der *Yankee* bereits zwei Mal den Liegeplatz gewechselt – vom ursprünglichen Hafenkai in Lower Manhattan über einen Zwischenstopp im Hafen von Hoboken, New Jersey, hin zu ihrem endgültigen Ankerplatz in Red Hook, Brooklyn. »Das Leben auf einem Schiff ist wie ein endloser Camping-Urlaub: aufregend, aber auch viel harte Arbeit«, erklärt Victoria. Die beiden Künstler, die gar nicht anders können, als sich mit besonderen Wohnwelten zu umgeben, haben für die *Yankee* ein nautisches Thema nie in Betracht gezogen. »Sie setzen einen Fuß an Bord, und schon geht Ihr Herz auf Reisen«, sagt Victoria. Und tatsächlich, was am Ende der Gangway liegt, hat Ähnlichkeit mit Alicens Wunderland. »Anfangs war die *Yankee* für uns Zuhause, Zuflucht und Studio, inzwischen aber ist uns klar, dass sie uns gar nicht gehört – wir haben sie nur vorübergehend in unserer Obhut.«

Seite 209: Der Vorbesitzer hatte die *Yankee* 1990 in Providence, Rhode Island, vor dem endgültigen Ausschlachten gerettet, das Boot restauriert und anschließend im Nationalen Verzeichnis Historischer Stätten registrieren lassen. Das Künstlerpaar rief die Yankee Ferry Foundation ins Leben, über die das Boot für Seminare und Firmenfeiern angemietet werden kann.

Rechts: Victoria und Richard Emprise in ihrem »Salon«.

Seite 212–213: »Richard und ich sind Naive Künstler, wir tendieren von Natur aus dazu, Welten zu erschaffen«, sagt Victoria. Im Wohnzimmer haben sie breite Streifen, Würfel- und Blumenmuster kombiniert, die an die Ästhetik ihres einstigen Unternehmens erinnern.

Seite 214 und 215: Historische Lampen sorgen am Essplatz in der Kajüte für Licht. – Schlichte Kojen sucht man auf diesem Boot vergebens: Diese Kabine für junge Übernachtungsgäste wurde mit theatralischem Flair ausgestattet.

# Der musische Zweig

**Tim Hunt & Tama Janowitz,** Prospect Heights

Irgendwie passt es, dass die Romanschriftstellerin und Kurzgeschichtenautorin Tama Janowitz und ihr Mann, der Kunsthändler und -sammler Tim Hunt, sich für eines der prächtigsten Häuser Brooklyns entschieden, ein Art-Deco-Juwel mit einer wunderschön restaurierten Lobby. Die Autorin von *Großstadtsklaven*, dem phänomenalen Werk der Genreliteratur, das die Kunstszene der 1980er-Jahre in Downtown Manhattan beschrieb, und ihr britischer Angetrauter, der lange Jahre Andy Warhols Nachlass kuratierte, sind ein Paar, nach dem sich viele die Hälse verrenken. Wo immer die beiden auftauchen – wilde Mähne, blutrote Lippen und knallbunte Designermode bei ihr, maßgeschneiderte Eleganz bei ihm –, ist ihnen ein großer Auftritt gewiss.

Beinahe zwanzig Jahre wohnen Janowitz und Hunt nun schon in ihrer Penthouse-Wohnung, deren umlaufende Terrasse einen beneidenswerten 270-Grad-Rundumblick bietet. Weiter weg vom trendigen Manhattan geht es kaum, vom hippen Brooklyn ganz zu schweigen. Die historische Vier-Zimmer-Wohnung hoch oben im sechzehnten Stock haben die beiden mit einer eigenwilligen, über Jahrzehnte zusammengetragenen Melange von Kunst, Textilien und Büchern gefüllt. Janowitz, die sich mit Tochter Willow regelmäßig für längere Zeit aufs Land davonmacht, um ihrer Mutter zur Seite zu stehen, war noch nie versucht, ein Brownstone zu beziehen: viel zu dunkel! Stattdessen bewohnt die Familie lichtdurchflutete Räumlichkeiten, die noch heute halten, was die Annonce damals versprach, ein Ambiente, wie es sich Janowitz' »Großstadtsklaven« nie erträumt hätten – ein wahrhaftiges Wolkenschloss.

Seite 217: Im Wohnzimmer beeindruckt eine Wandskulptur von Tom Bell über einer unorthodoxen Sitzgruppe; im Zentrum eine Keramikvase von Jeff Koons.

Seite 218 und 219: Vor Hunts Schreibtisch von der Möbelmanufaktur Heywood-Wakefield steht ein italienischer Sessel, beides aus den Sechzigern; darüber hängt eine Selbstporträtserie von John Waters. Die drei Eisenguss-Figuren sind Teil einer umfangreicheren Sammlung von Objets trouvés. – Brasilianisches Textildesign auf den Sofas unterfüttert Werke von Francesco Clemente, Larry Rivers, Dumitru Gorzo und Picasso.

Diese Doppelseite: Im Speisezimmer treffen Farbe, Form, Zwei- und Dreidimensionalität aufeinander: der Griff eines Reismessers aus Myanmar, ein Meteoritenfragment und alte chinesische Jade auf dem Sideboard von Heywood-Wakefield, Arbeiten des plastischen Künstlers Sidney Geist und der russischen Künstlerin Alëna Kirtsova an der Wand.

# True Colors

**Agnethe Glatved & Matthew Septimus,** Ditmas Park

So sinnvoll Denkmalschutz ist, im Haus von Agnethe Glatved und Matthew Septimus war er nicht angebracht. Um ihre von dunklen Holzböden und Profilleisten beherrschte Bleibe in ihr jetziges, sechs Zimmer umfassendes Reich im Colonial-Revival-Stil zu verwandeln, tauchten die beiden sämtliche Räume in Schneeweiß. Ihr Hunger nach Licht ist verständlich, denn sie stammt aus Norwegen und er ist Fotograf. »Ich liebe die helle Wintersonne im Wohnzimmer. Sie erinnert mich an meine Heimat.« Glatved kam nach New York, um an der Parsons School of Design zu studieren, wo sie auf ihren zukünftigen Mann traf.

Der von freistehenden Einfamilienhäusern geprägte Stadtteil entstand nach der Eröffnung der Coney-Island-Bahnlinie im Jahr 1885. Als das Paar den Kaufvertrag für das Haus unterzeichnete, lag die letzte Renovierung bereits ein halbes Jahrhundert zurück. Doch unter kränklichen Wandfarben und hinter unzähligen Vorhängen verbergen sich eine gute Substanz und großzügige Fensterflächen, was Glatved mit ihrem geschulten Auge sofort erkannte. Gemeinsam reparierten die beiden die Böden und verputzten sämtliche Wände neu. »Ich glaube nicht, dass wir uns an ein derart umfangreiches Projekt gewagt hätten, hätten wir uns mit diesen Häusern nicht schon ausgekannt«, erklärt Septimus.

Das Ergebnis ist so temperamentvoll wie die vierköpfige Familie. Das Familienleben spielt sich hauptsächlich in der Küche ab, wo Nora und Ezra ihre Hausaufgaben erledigen, während Glatved und Septimus, ein hervorragender Koch und Pizzabäcker, das Abendessen vorbereiten. Alle Räume wirken quicklebendig, denn überall setzen spielerisch eingebrachte Farben bunte Reflexe auf das großflächige Weiß. »Matthew und ich sind vor vielen Jahren einmal nach Indien gereist, seither sehen wir Farbe mit ganz anderen Augen«, erzählt Glatved. Obwohl ihr skandinavischer Geschmack dominiert, beteuert sie, ihr Mann habe nicht weniger zu sagen. »Wir können allerdings beide ziemlich hartnäckig sein«, lacht sie.

Seite 223: *Some Acts of Everyday Life*, ein mehrteiliges Gemälde der Künstlerin Jill Vasileff, erstreckt sich quer über eine Wohnzimmerwand.

Seite 224–225: Sämtliche Kunst im Haus stammt von guten Freunden – oder aber von Septimus: Die beiden Fotografien auf dem Bücherregal nahm er in Indien auf. Zwischen den Stühlen Y des Designers Hans Wegner stehen zwei rote Armlehnstühle, ein Geschenk.

Rechts: Mit zwei klassischen skulpturalen Klappstühlen, Jill Vasileffs *Pink Hum* und einem Teppich aus Wollfilzkugeln der dänischen Design-Manufaktur Hay zieht in einem Winkel des Wohnzimmers Farbe ein. Die Collage in der Nische stammt von Erica Harris.

Seite 228–229: Die original erhaltenen Kassettendecken des Hauses waren verkleidet, als das Paar einzog. »Wir wollten eine moderne Küche, die zugleich die Architektur betont«, erklärt Glatved. Die Keramikartikel stammen überwiegend von der jungen Porzellanmanufaktur Gleena.

Seite 230 und 231: Ezra, Agnethe, Matthew und Nora in dem maurisch anmutenden Alkoven im Elternschlafzimmer. – Lackierte Tischböcke von Ikea, eine Sperrholzplatte dazu, und schon ist ein einfacher Arbeitstisch komplett.

Seite 232–233: Die beiden hatten nie vor, die Wände in ihrem Giebelzimmer leer zu lassen, aber das Licht und die freien Flächen beim Aufwachen am Morgen erwiesen sich als klare Sieger. Die Landschaftsbilder malte John Dubrow.

Seite 10, von oben links im Uhrzeigersinn: Paola und Chicco Citterio bewirten Freunde in ihrem Restaurant Celestino (ab Seite 50). In Stefanie Brechbuehlers und Robert Highsmiths Küche (ab Seite 178). Im Loft der Brüder Haslegrave (ab Seite 42). Mona Kowalskas Tochter Claire (ab Seite 78). Harry Cushings Arbeits- und Wohnstudio (ab Seite 32). Ein Straßenfund in Victoria und Nick Sullivans Reihenhaus (ab Seite 186). Den farbenfrohen Schädel dekorierte Harmony, Sohn von Jenni Li und Hans Gissinger (ab Seite 158).

Seite 11, von oben links im Uhrzeigersinn: Maura McEvoy teilt sich das Loft in Dumbo mit ihrer Tochter Oona, in deren Schlafzimmer man das ästhetische Gespür ihrer Mutter wiedererkennt (ab Seite 150). Mats und Lorri Hakansson gestalteten das Zimmer von Sohn Bengt in einer kräftigen Farbpalette (ab Seite 96). Eine Ecke von Maura McEvoys Küche ist von einer Collage aus Museumspostkarten belegt (ab Seite 150). Die Brüder Haslegrave vor ihrem Wohnhaus in Greenpoint (ab Seite 42). CD-Ablage in Juliana Merz' und Harry Cushings Loft in Dumbo (ab Seite 32). Der Blick aus Stephen Druckers Wohnung in Park Slope (ab Seite 142).

# Dinge, die wir mögen

Als ich begann, über Interior Design zu schreiben, konzentrierte ich mich viel zu sehr auf Kissenformen, Sofa-Varianten und Wandgestaltung und viel zu wenig auf die Menschen, die in den beschriebenen vier Wänden lebten. Schon seltsam, denn tatsächlich haben mich die Leute, die diese Interieurs bewohnen, immer weitaus mehr interessiert – die kaum in Worte zu fassende Verbindung zwischen ihnen und ihrer Umgebung sowie die Styling-Entscheidungen, die sie außerhalb ihres Wohnzimmers treffen. Im Laufe der Jahre wurde das Thema Interior Design für mich zum Türöffner, um die wirklich interessanten Geschichten aus dem Leben dieser Leute zu erfahren; zugleich kann ich ihren Schatz an Bezugsquellen und Adressen meinem eigenen Notizbüchlein hinzufügen. Ich höre nur zu gern, wofür sich andere Menschen begeistern, was ihnen Freude macht, wovon sie nicht lassen können – und vielleicht geht es Ihnen ja ebenso.

**Stephen Antonson und Kathleen Hackett**
Boerum Hill (Seite 12)
KRAFTSTOFF: Cold Brew New-Orleans-Kaffee und Caffè Americano im Blue Bottle in Boerum Hill. Little Zelda in Crown Heights, wenn wir in der Nähe sind. ESSEN: Im Winter im Black Mountain Wine House in Carroll Gardens oder im Vinegar Hill House in Vinegar Hill. Im Sommer gedämpfte Austern im Fish House und Ahornsirup-Walnuss-Eis im Novelty auf Monhegan Island, Maine. Jederzeit Picknick auf dem Pariser Place des Vosges. EINKAUFEN: Wir haben immer griechische Oliven, Tzatziki und frische Cashew- und Mandelkerne von Sahadi in Cobble Hill im Haus. Bien Cuit in Boerum Hill backt perfektes Brot und Teilchen. STÖBERN: Im Marston House und im Trifles in Wiscasset, Maine, und in Paris in Pierre Passebons Galerie du Passage sowie auf dem Flohmarkt an der Porte de Vanves. In den Heimwerkerabteilungen im BHV in Paris. Im Antiquariat P.S. in Dumbo mit seinen hervorragenden Kunst- und Design-Büchern. BESICHTIGEN: Das Clyfford Still Museum in Denver, Colorado – eine Einzelausstellung lässt einen tief eintauchen und nachverfolgen, wie sich die Malerei eines Künstlers entwickelt hat. Die herrlichen Gipsfiguren in der ägyptischen Ausstellung im Brooklyn Museum. REISEN: Überall dorthin, wohin man nur mit einer Fähre kommt. WENN NICHT BROOKLYN, dann Bonnieux in Südfrankreich.

**Quy Nguyen**
Fort Greene (Seite 24)
STÖBERN: Ich schlendere gern über die Atlantic Avenue, und ich mag Holler & Squall sehr, weil die Besitzer so nett sind. KRAFTSTOFF: Im Annex Coffee Shop. Da gibt es feine Wurst im Schlafrock mit Ziegenkäse und unschlagbare Scones und Muffins. SCHMÖKERN: Die Buchhandlung Greenlight präsentiert ihre Bücher ganz wunderbar, und man kann dort völlig ungestört fünf Stunden sitzen und lesen. ESSEN: Das Battersby ist perfekt: die Größe, das Licht, das Essen, die Bedienung. Hibino ist mein liebster Japaner. Da gibt es herrlichen Sojapudding. EINKAUFEN: Ich gehe zu Provisions. Vielleicht sollte ich das lieber nicht laut sagen – die sind so teuer.

**Juliana Merz und Harry Cushing**
Dumbo (Seite 32)
KRAFTSTOFF: Doppelter Espresso im Brooklyn Coffee Roasters oder im AP Café in Bushwick. ESSEN: Vegan im King Noodle in Bushwick. Die Musik ist zu laut für unsere alten Ohren, aber das Essen wiegt das auf. Whole Foods in Gowanus hat unser Leben umgekrempelt – wir haben den Widerstand aufgegeben. BESICHTIGEN: Das Palais de Tokyo in Paris, nicht nur wegen der spannenden, erfrischend gegentrendigen Arbeiten, sondern auch, weil das Innere so spektakulär dekonstruiert ist. Die Galerie Life on Mars in Bushwick wegen ihres bürgerschaftlichen Engagements. Die Gagosian Gallery in Manhattan. STÖBERN: In jedem Sozialkaufhaus. Im Pilgrim hier in Williamsburg – ein Surfladen, das erklärt alles. Nach Vinyl bei Permanent Records und bei Earwax Records; nach »Gebraucht und gut« bei Cosmo. Nach tollen Teppichen, Lampen, Schmuck und Sonnenbrillen-Klassikern auf den Vintage-Märkten in den italienischen Renaissance-Städten, den Mercatini dell'antiquariato. Und bei eBay, weil das schlechte Gewissen nicht so groß ist, wenn die Sachen gebraucht sind. FILM: Rainer Werner Fassbinders *Die Ehe der Maria Braun* und *Die bitteren Tränen der Petra von Kant*. »*Maria Braun* hat meine Sicht auf die Kunst und ihren Einfluss verändert«, sagt Cushing. Und Merz kommentiert *Petra von Kant*: »Der Film präsentiert das Schreckliche als schön, er ist ein Low-Budget-Meisterwerk.« REISEN: Nach Indien, ein Land von geheimnisvoller Schönheit, dazu seine Natur und seine Philosophie – außerdem sind wir süchtig nach Iyengar-Yoga. WENN NICHT BROOKLYN, dann im Winter Paris, im Sommer Italien.

**Evan und Oliver Haslegrave**
Greenpoint (Seite 42)
KRAFTSTOFF: Caffè Americano im Homecoming (Evan), Espresso im Cookie Road (Oliver), beides in Greenpoint. LIVEMUSIK: Die Sisters in Clinton Hill (Oliver). RUHE: Im WNYC Transmitter Park am Ende der Greenpoint Avenue (beide). UPCYCLING-MATERIAL: Aus jeder 30-Meter-Schuttmulde (Evan); vom Bürgersteig (Oliver). PEINLICH, ABER WAHR: Ich mag Starbucks (Evan); ich liebe die Linie G (Oliver). TRAUM-DESIGN-AUFTRAG: Eine Bierbar in den Alpen wäre richtig cool. WENN NICHT BROOKLYN, dann vielerorts. Bekommen wir da eine Villa? (Evan) Wo auch immer wir eine Villa bekommen! (Oliver)

**Paola und Chicco Citterio**
Bedford-Stuyvesant (Seite 50)
EINKAUFEN: Beim Fairway in Red Hook. Wenn ich den Wagen da parke, bin ich jedes Mal ganz ergriffen. Ich liebe die Farbe des Wassers und den Geruch in der Luft. Natürlich liebe ich die Lagerhäuser, weil es dort so viel verrostetes Eisen gibt. ESSEN: Im Marlow & Sons in Williamsburg. Wir trinken dort seit zehn Jahren jeden Morgen unseren Kaffee. Jedes Mal lassen sie genau gleich viel Platz in der Tasse für die Milch. Momentan ärgern wir uns allerdings, weil ein anderes Paar uns kürzlich unseren Ecktisch weggeschnappt hat. WENN NICHT BROOKLYN ... Einen Traumort haben wir nicht. Überall! Ich träume davon, zu reisen und nie zu lange an einem Ort zu bleiben. Vielleicht kaufen wir irgendwann einen Airstream und fahren nach Lust und Laune umher.

**Ali**
Crown Heights (Seite 60)
BRUNCH: Im Sun in Bloom in Park Slope. Da gibt es glutenfrei, vegan und Rohkost. Die Biscuits mit Soße und Shiitake-Speck muss man probieren! Und den Orangen-Ingwer-Saft. DINNER: Die Pickle Shack in Gowanus hat das beste Barbecue-Austernpilz-Sandwich. BÜCHER: Zu The Strand in Manhattan gehe ich schon immer gern. KUNST: Das Larco Museum in Lima, Peru. Der Innenhof ist unglaublich. Die Ausstellung der Barnes Foundation in Philadelphia ist sehr schön kuratiert, mit wunderbaren Texturen, Farben und Stimmungen. MUSIK: House of Blues, Jazz im World Stage, beide in Los Angeles. Die Sommerkonzerte im Central Park sind auch nicht übel. WENN NICHT BROOKLYN, dann definitiv eine Stadt, in der ich ohne Auto auskomme. London wäre interessant. Und Lima. Vielleicht Tokio? Brasilien?

**Alayne Patrick**
Carroll Gardens (Seite 70)
ESSEN: Salate, Baba Ghanoush und Ful im Yemen Café. Hühnersuppe in Vinny's. STÖBERN: Bei Erie Basin in Red Hook – da gibt es den besten Schmuck, sowohl antik als auch Vintage. FILM: Cobble Hill Cinemas wegen der Größe und der Lage. KLEINE SÜNDE: Einen Pink Poodle im Brooklyn Farmacy & Soda Fountain. Das ist Hibiskus-Limonade mit Vanilleeis und Selters. Oder an einem kalten Abend zu Hause, im Bett, eine große Schale heiße Schokolade mit Schlagsahne.

**Mona Kowalska**
Clinton Hill (Seite 78)
KRAFTSTOFF: Ich bestelle mir von gimmecoffee.com den Leftist Espresso Blend und koche meinen Kaffee selbst. ESSEN: Bei Locanda Vini & Olii an der Gates Avenue in Clinton Hill. Dort geht es sehr erwachsen zu. Ich habe dort nicht das Gefühl, als wären alle anderen viel jünger. STÖBERN: Auf dem Brooklyn Flea Market in Fort Greene, vor allem bei den Japanern mit der Herrenkleidung. Da kann man sehen, was sie sich unter »typisch amerikanisch« vorstellen. EINKAUFEN: Der Wochenmarkt im Fort Greene Park hat genau die richtige Größe, und für mich ist es ein schöner langer Spaziergang. AUSFLUG: Nach Coney Island im Sommer nachmittags um vier. Oder mitten im Winter, dann kommt es einem vor wie Odessa. Fährt man mit dem Zug hin, fühlt es sich an wie Verreisen. Das Licht ist dort wunderbar, das macht das Wasser.

**Carl Hancock Rux**
Fort Greene (Seite 88)
TRAUMBÜHNE: Ich bin so ziemlich in der ganzen Welt aufgetreten, aber die Pariser Oper ist kaum zu toppen. Es wäre toll, wenn ich ins Austin City Limits Live at the Moody Theater eingeladen würde. Das wäre wirklich etwas Besonderes. STÖBERN: Im Chelsea Garden Center in Red Hook. Dort haben sie eine ganz persönliche Beziehung zu den Pflanzen. Auf dem Flohmarkt an der Puerta de Toledo in Madrid kann man unter anderem hervorragende Vintage-Keramik und Messingwaren finden. SPAZIERENGEHEN: Ganz in der Nähe – auf der Clinton Avenue mit ihren Häusern von Pratt und auf der Waverly Avenue mit ihren Remisen. KLEINE SÜNDE: Ein Drink im Alibi. Der Käsekuchen bei Junior's. Ich sollte mich davon fernhalten. Überhaupt von Dumbo. Ich bin gern dort, aber den neureichen Chic finde ich etwas peinlich. WENN NICHT BROOKLYN, dann Marseille. Marseille ist das Brooklyn Frankreichs. Schön, rau, multikulti.

**Merele Williams**
Clinton Hill (Seite 108)
DUFT: Im Sommer Jasmin 17 von Le Labo und im Winter Rose 31, auch von Le Labo. Beide sind sehr angenehm. BESICHTIGEN: Die Londoner Tate Modern. Mir gefällt sie, weil die Kunst dort so vielfältig ist. Außerdem haben sie ein ganz unglaubliches Werk meines verstorbenen Mannes gekauft, *Muffled Drums*. Sie haben echtes Verständnis – für

237

die Welt, für die Diaspora. KRAFT-STOFF: Ich kann Kaffee nicht leiden, ich trinke ausschließlich Tee. Am liebsten selbstaufgebrühten Lord Bergamot von Steven Smith Teamaker. ESSEN: Das Roman's an der DeKalb Avenue liegt nur ein paar Häuserblocks von meinem Haus. Der Betreiber, Andrew, weiß seine Gäste wirklich zu schätzen. Ich liebe das Kichererbsenpüree mit Blattkohl oder Spinat, und ganz besonders das Olivenöl, das sie darübergießen. STÖBERN: Auf dem Sablon-Antiquitätenmarkt in Brüssel! Da gibt es unglaubliche Antiquitäten und Objekte, einfach wunderbar. Meine liebsten Modegeschäfte auf der ganzen Welt sind Zero + Maria Cornejo an der Bleecker Street in Manhattan und Duro Olowu am Masons Yard in London. Beide machen mir das Leben leicht und schön. Ihretwegen sehe ich immer gut aus, außer wenn ich gerade aus dem Tangerine Hot Power Yoga-Studio in Downtown Brooklyn komme. Danke, Tamara Behar! LESESTOFF: *Das Tiefland* von Jhumpa Lahiri. Anscheinend wohnt sie gleich im nächsten Stadtteil, aber ich bin ihr noch nie begegnet. WENN NICHT BROOKLYN, dann Rom. Wir haben dort ein Jahr mit den Kindern gewohnt, als Terry an der American Academy war – das war das glücklichste Jahr in meinem ganzen Leben.

### Joe Merz
Brooklyn Heights (Seite 118)
SPAZIERENGEHEN: Als Mary und ich jung verheiratet waren, waren wir viel im Botanischen Garten in Brooklyn und haben dort exotische Pflanzen gesucht. Wir haben die oberste Etage des Hauses in unsere eigene Version verwandelt. ESSEN: Das Restaurant Rose Water arbeitet mit einer kleinen Farm zusammen, daher ist das Essen dort sehr gut und frisch. Es passen nur etwa dreißig Gäste hinein; es ist dort ruhig und angenehm. Außerdem al di la Trattoria, wo ich mich sofort wie in Italien fühle.

### Karin Schaefer und Diane Crespo
Brooklyn Heights (Seite 124)
SPAZIERENGEHEN: Wir erzählen jedem, der es hören will, vom Brooklyn Bridge Park.

### Hans Gissinger und Jenni Li
Cobble Hill (Seite 158)
STÖBERN: Nach Vintage-Kleidung bei Five and Diamond in Hudson, New York. Ich habe eine Schwäche für Kleider aus den Fünfzigern, die meisten davon hängen im Schrank, weil ich die Hoffnung nicht aufgebe, dass ich eines Tages wieder den Taillenumfang von früher haben werde. Und Barneys und Bergdorf Goodman muss man einfach gut finden – dort gibt es alles unter einem Dach. Aber ich wage auch zu sagen, dass sich mit dem einen oder anderen Teil von Zara oder H&M eine tolle Kombination zaubern lässt. REISEN MIT KINDERN: Wenn sie entscheiden dürften, ginge es grundsätzlich in irgendein Hotel mit Pool, Frühstücksbüfett, Zimmerservice und Bad mit Telefon und Fernseher. Ich persönlich bin für Tumbes an der nordperuanischen Pazifikküste. Hier fahren wir mit dem Rad auf dem autofreien Greenway zum Louis Valentino Jr. Park and Pier in Red Hook. Das wird nie langweilig. ESSEN: Peruanische Küche ist schlicht eines: lecker. Ich bin aber schon lange ein Fan von Alice Waters; nachdem ich sie fast fünfzehn Jahre lang beobachtet hatte, kam ich schließlich in den Genuss eines Essens im Chez Panisse. Besser schmeckt es nirgends auf der Welt. PEINLICH, ABER WAHR: Wir gehen fast nie in den Prospect Park! Es zieht uns wohl immer zum Wasser. EINKAUFEN: Auf dem Wochenmarkt an der Borough Hall, Fleisch vom Staubitz Market, Fisch von Fish Tales, Käse von Stinky Bklyn, Wein von Smith & Vine und von der Brooklyn Wine Exchange. Alles maximal fünf oder sechs Blocks entfernt. SÜSSES: Eiskrem im Blue Marble. Pain au chocolat vom Café Pedlar. Bei One Girl Cookies holen wir Geburtstagskuchen, aber gegen ihre Plätzchen, Cupcakes und Whoopie Pies kann man auch nichts sagen. Da kann man hervorragend mit Kinderbesuch hin – alles in Cobble Hill gelegen.

### Anne O'Zavelo
South Park Slope (Seite 170)
ZEIT FÜR MICH: Eine große Jogging-Runde im Prospect Park. Das ruft mir ins Gedächtnis, warum ich hier wohne. KRAFTSTOFF: Café Regular, ganz einfach. ESSEN: Franny's. Ich liebe das Essen dort, und man fühlt sich wie zu Hause. Das Runner & Stone und das The Pines in Gowanus sind auch super. Il Buco auf der Bond Street in Manhattan (Essen und Einrichtung, als schrieben wir noch 1987) und El Blok in Vieques, Puerto Rico, auch wegen des Essens und der Einrichtung. FILM: Ich gehe liebend gern in die Brooklyn Academy of Music. Selbst wenn der Film einmal nicht gut ist, macht das Gebäude den Besuch zu einem rundum wunderbaren Erlebnis. STÖBERN: Ich habe in den Time Galleries hier in Park Slope einen Stuhl und einen Tisch von Eames fast geschenkt bekommen. Außerdem stöbere ich gern und lange in Rick Bettingers Antiquities & Oddities in Kansas City. Da gibt es altes Inventar aus Dutzenden Häusern einschließlich Armaturen. GENIALES INTERIEUR: Ich liebe das Hotel @ the Lafayette in Buffalo, New York. Wenn man mein eigenes Haus ansieht, sollte man es nicht glauben, aber am meisten fühle ich mich zur Mid-Century-Architektur hingezogen, all die üblichen Verdächtigen und dazu noch die Unbekannten aus den Vorstädten, besonders im Mittleren Westen. Die Häuser von Robin Walker in Irland und die von Eileen Gray in Frankreich mag ich auch sehr.

**Robert Highsmith und
Stefanie Brechbuehler**
Cobble Hill (Seite 178)
ESSEN: Pizza bei Lucali, Dinner an jedem beliebigen Tisch im Vinegar Hill House, im Black Mountain Wine House am Fenstertisch, und Austern für einen Dollar im Strong Place! Chez Moi ist bezaubernd. Dassara serviert die besten Ramen mit pochiertem Ei sous vide. Donnerstags findet man uns im Iris Café – da essen wir, bevor wir aufs Land fahren. KRAFTSTOFF: Den besten Kaffee gibt es auf der Terrasse unseres Landhauses im Hudson Valley. Nicht zu toppen! STÖBERN: Im Tartaix, einem Eisenwarenhandel im Marais in Paris. Was Kleidung betrifft, ist Totokaelo in Seattle einfach unglaublich, und Diane T. in Cobble Hill hat eine wunderbare Auswahl an Mode für Frauen. Alls ist dort sehr persönlich, und die Bedienung ist hervorragend. BDDW hat überwältigende Möbel. Oliver Gustav in Kopenhagen hat ein grandioses Angebot an einzigartigen Lampen und Objekten. Es ist unmöglich, sich dort auf eine Sache zu beschränken! TRAUMHAUS: Die Villa Necchi Campiglio in Mailand. ARCHITEKTUR: Venedig. Die gesamte Stadt.

**Victoria und Nick Sullivan**
Boerum Hill (Seite 186)
ESSEN: Unser liebstes Lokal in der Nachbarschaft ist das Rucola an der Dean Street. Dinner in Frankies 457 Sputino ist unser Freitagsritual. Im Brooklyn Crab gibt es geniale Shrimps und Margaritas. STÖBERN: Bei Eva Gentry Consignment. Da ist es bezahlbar, und man bekommt zu einem guten Preis tolle, so gut wie ungetragene Schuhe, Jimmy Choos und Giuseppe Zanottis. DRINKS: Die Long Island Bar ist himmlisch. Im Lavender Lake sind viele junge Leute, es gibt nette Kleinigkeiten zu essen, und wir können mit dem Fahrrad nach Hause. Meist bleiben wir tagsüber daheim und gehen abends aus. WENN NICHT BROOKLYN, dann die Bahamainsel Harbour Island – eindeutig.

**Matt Austin**
Bushwick (Seite 198)
SPAZIERENGEHEN: Auf dem Green-Wood Cemetery. Mit meinen Eltern habe ich immer auf Mennoniten-Friedhöfen gezeltet. ESSEN: Im Café Ghia. Die Karte wechselt dauernd, und sie haben leckere Burger. KRAFTSTOFF: Ich mag meinen selbstgekochten Kaffee. Ich mache ihn mit Café Bustelo und einer alten italienischen Espressokanne. BESICHTIGEN: Das Onderdonk-Haus. Ein schönes Beispiel für die Architektur des 18. Jahrhunderts in Ridgewood, Queens. Das Metropolitan Museum of Art. Viel besser als Psychotherapie. Selbst wenn es mir einmal richtig mies geht, komme ich fröhlicher wieder heraus. Kremer Pigments in Manhattan. Wer wissen will, wie man ganz und gar natürliche Pigmente oder Farben herstellt, muss da hin. WENN NICHT BROOKLYN, dann Island oder die französischen Seealpen – der Anstieg von L'Alpe d'Huez ist die schwierigste Radetappe auf der ganzen Welt. Oder das Connecticut River Valley. Da steht man völlig im Kontakt zum Land; es ist abgeschieden, anständig und liberal.

**Agnethe Glatved und
Matthew Septimus**
Ditmas Park (Seite 222)
KRAFTSTOFF: Kaffee und unglaublichen Pie im Four & Twenty Blackbirds. Sie verkaufen ganze Pies – wer zuerst kommt, mahlt zuerst – und die sind schnell weg. ESSEN: Bei Mimi's Hummus — ihr Shakshuka ist toll zum Brunch. Wir lieben die Pizza von Di Fara, die backt der 75-jährige Eigentümer ganz liebevoll selbst – auch wenn man eine Stunde anstehen muss, um dann für 5 Dollar ein Stück zu bekommen. EINKAUFEN: Jedes Wochenende fährt Matthew nach Bensonhurst und kauft Ravioli bei Papá Pasquale's und Aufschnitt, Wurst und Olivenöl bei Frank & Sal's. Auf Reisen lieben wir die Märkte in Nizza. Dort merkt man wieder, wie Essen schmecken sollte. SPAZIERENGEHEN: Die Long Meadow im Prospect Park ist zu jeder Jahreszeit wunderschön. Dort haben wir geheiratet! Und die Asche von unserem armen alten Hund haben wir dort bei einem Baum verstreut. SPEZIALGESCHÄFTE: Die Textilien und die Bettwäsche bei Layla sind ein Augenschmaus. Collyer's Mansion hat wunderbare Haushaltswaren. Den Museumsbuchladen im MoMA PS1 wegen der Bücher und Magazine aus kleinen Indie-Verlagen. ANSEHEN: Das Neujahrsschwimmen des Polar Bear Club auf Coney Island. Das ist typisch Brooklyn, sehr witzig, mit sehr verrückten Leuten. FOTOGRAFIEREN: Gesichter auf den Straßen von Brooklyn. Man sieht dort sämtliche Völker, sämtliche Hautfarben dieser Welt. WENN NICHT BROOKLYN, dann eine moderne Holzhütte mit Blick aufs Meer in Norwegen.

239

## DANK

Zuallererst an Stephen: Danke für einfach alles.

Hilary und Agnethe, eure künstlerische Begabung brauche ich nicht extra zu erwähnen. Eure Freundschaft, euer Humor und eure Unterstützung haben mich angetrieben.

Matthew, danke fürs Zupacken, und das bisweilen mit Baby im Schlepptau. Sollte einmal ein Babysitter fürs Töchterchen nötig sein – hier bin ich!

Eine bessere Agentin als Carla Glasser kann ich mir nicht wünschen – vernünftig, klug, witzig.

Einen besseren Programmleiter als Chris Steighner kann ich mir nicht wünschen – patent, kultiviert, ausgeglichen und geduldig.

Einen besseren Verleger als Charles Miers von Rizzoli kann ich mir nicht wünschen – wir nennen ihn schmunzelnd den Wizard von Oz.

Ohne die Menschen, die auf diesen Seiten vorgestellt werden, gäbe es das Buch nicht. Ich habe sie alle auf die altmodische Art gefunden – über Kollegen, Bekannte, Bekannte von Bekannten und über die Hauseigentümer. Euch allen herzlichen Dank, dass Ihr uns hereingelassen habt, bisweilen zur völlig unpassenden Zeit, und dass wir im Haus machen durften, was wir wollten.

Danke, Mary Ann Young, dass Du mir eine solche Schwester bist – geistreich und klug, lieb und talentiert. Dein Interior Design wird mir immer das liebste sein.

Dutzende Freunde und Bekannte, die auf diesen Seiten nicht sichtbar werden, haben auf unterschiedlichste Weise zum Buch beigetragen. Ihr wisst, wer gemeint ist. Danke.

## DIE ÜBERSETZERIN

Claudia Arlinghaus studierte Sprachen und Literatur, lebte lange in den USA und setzt seit der Jahrtausendwende ihre Begeisterung für Wort und Wissen in übersetzte Texte um.

Titel der Originalausgabe: *Brooklyn Interiors*
Erschienen bei Rizzoli International
Publications, Inc., New York 2016
Copyright © 2016 Rizzoli International
Publications, Inc., New York, USA

© 2016 Kathleen Hackett

Fotografien: © 2016 Matthew Williams
Gestaltung: Agnethe Glatved und Maria Stegner

Deutsche Erstausgabe
Copyright © 2017 von dem Knesebeck GmbH & Co.
Verlag KG, München
Ein Unternehmen der La Martinière Groupe

Aus dem Englischen von Claudia Arlinghaus
Umschlaggestaltung: Leonore Höfer, Knesebeck Verlag
Satz: Akademischer Verlagsservice Gunnar Musan
Printed in China

ISBN 978-3-86873-966-4

Alle Rechte vorbehalten, auch auszugsweise.

www.knesebeck-verlag.de